현대 사회의 이론

GENDAI SHAKAI NO RIRON:
JOHOKA, SHOHIKA SHAKAI NO GENZAI TO MIRAI
by Munesuke Mita
© 1996, 2018 by Hitoko Mita
Originally published in 1996 by Iwanami Shoten, Publishers, Tokyo.
This Korean edition published in 2023 by BOOK&WORLD, Kyunggi-Do
by arrangement with Iwanami Shoten, Publishers, Tokyo
through Dorothy Agency, Seoul.

현대 사회의 이론

초판 1쇄 인쇄 | 2023년 10월 20일
초판 1쇄 발행 | 2023년 10월 25일

지은이 | 미타 무네스케
옮긴이 | 고훈석
펴낸이 | 신성모
펴낸곳 | 북&월드

디자인 | 최인경

신고 번호 | 제2020-000197호
주소 | 경기도 고양시 덕양구 토당로 123, 208동 206호
전화 | 010-8420-6411
팩스 | 0504-316-6411
이메일 | gochr@naver.com

ISBN 979-11-982238-3-8 03300

책 값은 뒷표지에 표기되어 있습니다.
파본은 구입하신 서점에서 교환해 드립니다.

2 The Critique Of Sociology

현대 사회의 이론

-정보화 · 소비화 사회의 현재와 미래

미타 무네스케 지음 / 고훈석 옮김

북&월드

차례

제1장 정보화/소비화 사회의 전개 – 자립 시스템의 형성

제2장 환경의 임계/자원의 임계 – 현대 사회의 "임계 문제"

제3장 남의 빈곤/북의 빈곤 – 현대 사회의 "임계 문제" Ⅱ

제4장 정보화/소비화 사회의 전회 – 자립 시스템의 투철

미타 무네스케는 누구인가?

작년, 2012년에 서거한 미타 무네스케=마키 유우스케 선생은 '일본 사회학계의 태두'다. 일본은 제2차 세계대전 이전에도 경제학은 상당히 발전했으나, 사회학은 전후에도 별로 활성화되지 않았다. 그런 1950년대에 대학에 들어가 60년대 후반부터 50여 년에 걸친 미타 무네스케의 연구 성과는 오늘날 그의 후학이나 제자를 통해 일본 [인문]사회과학계를 반석에 올려놓았다는 평가를 받는다.

어느 학문이나 마찬가지겠지만, 20세기 후반 이래로는 아메리카에서의 평판에 의해 그 학자의 업적을 평가하는 게 통상적이다. 그래서 20세기 후반을 대표하는 사회학자로서 미셸 푸코와 니클라스 루만을 드는데, 푸코는 미국에서 명성을 얻어서 전 세계에 널리 알려진 반면에, 루만은 미국 학계의 '뜨거운 환호'를 그다지 받지 못해서 그 이론의 내용에 비해 전파력이 떨어진다. 하물며 일본이야 어떨까. 결정적인 언어의 한계를 뛰어넘고서 세계 학계의 이목을 받으려면 미국이나 서구 학자에 비해 몇 배나 힘들 것이다. 이 와중에도 전 세계적으로 알려진 일본의 사회학자가 미타 무네스케다.

*

니클라스 루만은 빌레펠트대학 퇴임 강연(1993년)에서 "무엇이 일어났는가?"와 "무엇이 그 뒤에 있는가?"라는 두 가지 질문에 답하는 게 사회학의 기본 업무라고 정의하고 있다. 이런 작업의 최초의 그리고 분명히 성공적인 시도는 카를 마르크스의 시도라고 한다.

예를 들어 곡물 자유화의 진짜 이유는 예상되는 빵 가격의 하락이 아니다. 그 이유는 마르크스가 자신의 이론에서 추론하듯이, 그에 연계된 임금 하락의 가능성이다.

마르크스가 보기에 국민 경제는 경제적 계기에서 나타나는 합리적인 인간 행위의 자연과학이다. 그리고 오늘날에도 국민 경제는 수학 모델이나 합리적 선택 이론에 힘입어 이 영역에서 튼튼한 1차 지식을 얻겠다는 비슷한 목표를 추구한다. 마르크스는 질문한다. 이 지식은 누구의 지식인가? 그리고 다른 질문들도 한다. 그걸 아는 사람들은 어떻게 자신들의 지식을 믿으면서 이 지식을 가지고서 볼 수 없는 걸 보지 못하는 데까지 이르게 되나? 앎은 이데올로기로서 고쳐 표현되고, 모름의 이유는 그렇지 않으면 자본가 자신의 고유한 몰락이 현실화될 것이라는 데 있는 것처럼 보인다. 또는 우리가 잘 표현할 수 있는 것처럼, 그 이유는 그렇지 않으면 자본가가 시장에서의 생존과 성장이 자기 파괴를 향해 치닫는다는 역설을 보게 될 것이라는 데 있다.

이렇듯 사회학은 언뜻 보기에 소박한, 아주 기본적인 인간 행위의 조건과 그 변화를 추적하는 걸 기본 업무로 삼고 있다.

행복이란 무엇인가. 무엇이 선인가. 이상적인 사회란 어떤 사회인가. 이런 문제의식은 사회학이나 심리학의 연구로 사람들을 몰아붙이는 초발 동기일 것이다. 그러나 학문 제도 속에 본격적으로 입문하여 전문가가 될 때는 이런 문제의식은 유치하고 소박한 고민으로 간주하고서 벗어나지 않으면 안 된다. 학문의 기준에 합치하는 듯한 방식으로, 이들 원 문제에 어프로치하는 방법이 없기 때문이다. 하지만 원 문제는 유치하더라도 천박하지는 않다. 완전히 거꾸로다. 본래의 문제의식의 탐구에 값하는 게 아니라면 학문이란 도대체 무엇일까. 본래의 물음, 곧 행복이나 선이나 이상이나 정의에 대한 본래의 물음을 단념하지 않고서 과학적으로 추구하려면 어떻게 하면 좋을까.

이런 문제의식에 입각하여 미타 무네스케는 평생의 연구를 진행한다(자세한 해설은 『전후 사상의 도달점』[NHK出版, 2019]을 참조하라). 그 중에서도 "죽음의 니힐리즘"과 "인간은 에고이스트다"라고 하는, 인간이 인간인 이상은 영원히 해결 불가능한 문제를 풀기 위한 연구가 그의 학문의 전성 시대인 1980년대 90년대 초반에 걸쳐서 『시간의 비교사회학』(최정옥 외 옮김, 소명출판, 2004)과 『자아의 기원—사랑과 에고이즘의 동물사회학』에서 이루어졌다.

그리고 말년의 주요 연구로는, 이 책을 필두로(『사회학 입문—인간과 사회의 미래』[2006년]) 뒤이어 번역본이 나올 『현대 사회는 어디로 가는가—고원의 전망을 열어젖히는 것』(2018)는 현대 사회론의 정수를 추출한 책으로, 미타 무네스케의 앞의 두 저작과 더불어 그의 4대 저작이라 할 수 있을 것이다.

미타 선생의 가르침을 받은 후학이나 제자들의 작업을 보면서 예전의 우리 '선생님' 김진균이 생각나지 않을 수가 없었다. 마침 미타 선생과 동갑인 우리 김 선생님은 진짜 우리에게 학자의 자세를 몸소 가르쳐주신 분이다. 그런데 한 가지 아쉬움이 있다면, 식민지 시대를 거치면서 황폐화된 우리의 학문 수준에서 비롯된 탓이 크겠지만, '이론적인 세례'를 받지 못했다는 느낌을 지울 수 없다.

그러나 그 한계를 뛰어넘는 건 나를 비롯한, 우리 후학들과 제자들의 몫이리라. 열심히 합시다…….

2023. 09. 15
고훈석

시작하며

현대 사회는 "근대 사회" 일반과는 구별되는 듯한, "새로
운" 시대를 전개하는 것으로서 많은 사람에 의해 말해지고
고려되고 감각되어왔다. 자신이 지금 살고 있는 세계가, "근
대 사회" 일반을 특색지우는 다양한 징표—도시화나 산업
화나 합리화나 자본주의화—만으로는 말할 수 없고, 때로
그 몇 가지 것을 반전시키는 것으로조차 보이는 다양한 징
표 무리에 의해서밖에 핵심 부분을 정확히 말할 수 없는 것
으로 생각되고 감각되기 때문이다.

이와 같은 현대 사회의 특질은 "풍요" 사회, 소비 사회, 관
리 사회, 탈산업화 사회, 정보화 사회 등등으로 말해져왔다.

이와 같이 "현대 사회"를 특색지우고 있는 갖가지 징표 무
리는, 확실하게 어떻게 연관되고, 서로 전제하고, 서로 상보
하고 있는 것일까.

한편에서 현대 사회는 환경과 공해 문제, 자원과 에너지

문제, 많은 대륙의 과반수 사람의 빈곤과 기아 문제의 위기적인 양상에 의해서도 특색지워지고 있다. 이 문제들은 "풍요 사회", 정보화/소비화 사회로 불리는 현대의 사회 시스템이, 이 시스템의 핵심 다이내미즘의 귀결 그 자체로서 시스템의 "외부"와의 임계면에 생성되어온 문제군이고, 시스템이 스스로 초래해온 위기의 다양한 양상이다.

현대의 사회 이론은 이 현대의 정보화/소비화 사회의, 빛의 거대함과 어둠의 거대함을 함께 살피지 않으면 안 된다.

정보화/소비화 사회의 "빛의 거대함"에 눈을 빼앗긴 "현대 사회"의 화려한 여러 이론은 환경, 공해, 자원, 에너지, 남북의 기아나 빈곤의 거대한 실재와, 그것이 이 정보화/소비화 사회의 시스템 원리 그 자체가 그 "임계"에서 생성하는 문제계인 걸 정면에서 보려 하지 않는다. 반대로 현대 세계의 "어둠의 거대함"를 고발하는 많은 이론은 이 현대의 정보화/소비화 사회의, 인간 사회의 역사 속에서의 상대적인 우위와 매력과 그 미래에 열려 있는 본원적인 가능성을 보려 하지 않는다.

현대 사회의 전체 이론은, 이 정보화/소비화 사회 시스템의 기본적인 구조와 다이내미즘과, 모순과 그 극복의 기본적인 방향을, 일관해서 통합적인 이론의 전개로서, 굵은 선에서 파악하지 않으면 안 될 것이다.

이 책의 제1장에서는, 먼저 이 정보화/소비화 사회라는 시스템이 "근대" 시민 사회 원리의 필연적 전개이면서, 그 몇 가지 특질을 반전시키는 것으로서, 명확히 새로운 시대를 열어제끼는 것이라는 점, 그게 이와 같은 것으로서, 인간 사회 역사 속에서 "필연"일 뿐만 아니라, 상대적인 탁월함과 매력성을 가진 점과 그 근거가 제시된다.

제2, 3장에서는 이 점을 전제로 한 위에서, 이 시스템이 필연적으로 생성하고 직면할 수밖에 없는 "한계" 문제로서 환경, 공해, 자원, 에너지 문제의 위기적인 성격과, 남북의 기아와 빈곤의 비참함이라는 현실을 직시하고, 이게 이 정보화/소비화 사회의 현재인 듯한 형식이, 필연적으로 귀결해버리는 점의 기제와 다이내미즘을, 이론으로서 명확히 밝혀둔다.

제4장은, 제1장의 "빛"의 거대함과, 제2, 3장의 "어둠"의 거대함을 살핀 위에서 이론으로서의 통합과, 실천으로서의 모순의 극복 방향이 탐구된다. 그 내용은 ①"정보화"라는 것의 논리와 사상의 핵심을 투철하게 끄집어내는 것, ②"소비화"라는 것의 논리와 사상의 핵심을 투철하게 끄집어내는 것, ③이처럼 해서 투철해진 〈정보화〉와 〈소비화〉의 원리를 통합하는 것을 통해서, ④〈자유로운 세계〉라는 원칙을 내버

려두지 않고서 정보화/소비화 사회 시스템의 방향성을 본 원적으로 전회한다는 방식에서, ⑤그러나 이 점을, 단지 논리적으로가 아니라 현실적으로 가능하고 경험적으로 매력이 있는 것으로서 전개하게 될 것이다.

이 책의 "결론"은, 이 4장에 명기되더라도 1장의 "빛의 거대함"과 2, 3장의 "어둠의 거대함"의 **사실**과 **이론**이 명확하게 다루지 못한다면 이 결론 부분의 이론의 전개는 진짜 필연으로서 이해되지 못하게 될 것이다. 세 부분은 (문체도, 분위기도 일변할지 모르겠지만) 현대 사회의 다이내미즘과, 모순과, 가능성에 대한 긴밀한 구조를 가진 하나의 이론의, 전개하는 세 가지 〈국면〉일 수밖에 없기 때문이다.

제1장

정보화 · 소비화 사회의 전개

자립 시스템의 형성

새로운 꿀벌의 우화

●

관리 시스템 · 소비 시스템

"현대 사회"의 특질로서 많은 사람이 말해온, "풍요" 사회, 소비화 사회, 관리화 사회, 탈산업화 사회, 정보화 사회 등 등이라는 징표의 무리가 인간 역사 속에서 처음 전체 사회적인 규모와 심도를 가지고서 실현되듯이 보였던 건 1950년대의 아메리카다. "현대 사회"의 고전 시대라고도 해야 할 시대/사회다.

리스만의 『고독한 군중』(1950), 밀즈의 『화이트칼라』(1951), 갈브레이스의 『풍요 사회』(1958) 등, 현대 사회 이론의 "고전"을 이 시대의 아메리카가 만들어냈던 것도 물론 우연은 아니다.

이로부터 20년 정도의 사이에 "스위스, 서독, 스칸디나비아 3국"뿐만 아니라, 서유럽과 일본을 포함한 몇 개의 사회가 기본적으로는 마찬가지 양상에 들어가고, 같은 세기의 말까지에 동아시아의 다른 몇 나라를 포함한, 대부분의 대류 안에 이 "새로운 사회"는 번지고, 권역을 확대하고 있다.

지구 인구 전체에서 보자면, 그것은 역시 소수자이고, **자연적인 제약** 때문에 (그것이 현재의 모습을 취하고 있는 한) 그것은 필연적으로, 이 별의 유한한 지표 위에서 소수자일 수밖에 없는 것일지라도.

우리는 먼저 이 "현대 사회"의 기본적인 다이내미즘의 골격을 파악하기 위해서 그것이 명쾌한 강력함을 가지고서 작동을 개시했던 〈고전 시대〉의 중심부 사례에서부터 출발해보자.

1958년에, 대통령 2기째의 아이젠하워는 이렇게 담화하고 있다.

"자유 사회에서는 정부가 개인이나 사적 집단의 노력을 독려함으로써 경제 성장을 가장 잘 장려하게 된다. 화폐는 물론 국가에 의해서 유효하게 사용되지만, 세금의 하중으로부터 해방된 납세자에 의해서도 마찬가지 정도로 유효하게 사용될 것이다."

『타임』지는 또한 이렇게 덧붙이고 있다.

"국고에서 되돌려준 90억 달러를 손에 넣은 소비자들은 2000만 개의 소매점으로 풍요함을 찾아서 쇄도했다.……선풍기를 에어컨으로 갈아치움으로써 자신들의 힘으로 경제를 발전시킨 것이라는 걸 그들은 이해했다. 500만 대의 소형 TV와 150만 대의 전동 고기절단기 등을 구매함으로써 그들은 1954년의 붐을 보증했던 것이다."

이것은 현대 "소비 사회"의 대표적인 이론가인 보드리야르가 그의 소비 사회론으로서의 주저의 이론적인 골자의 부분(『소비 사회의 신화와 구조』 제2부의 Ⅱ「소비 이론을 위하여」)에서 의거하는, 중심적인 사례다.

이 해의 『타임』지 최종호(12월 29일호)에는, 1958년이라는 해가 역사의 거대한 전회轉回의 해였다는 점의 확신에 충만한, 명쾌한 그림을 제시하고 있다.

"과거와 현재"라는 부제가 붙어 있는 이 차트는 제2차 세계대전 이후 "최악"의 것으로서 경험된 1957년의 불황을, 1929년의 공황과 중첩시켜서 그 전후의 주식 시장의 변화를 대비했던 것이다.

이 공황/불황에 이르는 3년 반 정도의 시장 추이는 비슷하게 보인다. 그럼에도 불구하고 이 "폭락" 이래의 진척은 대조적이다.

1929년의 공황은 다우존스(평균 주가)에서 381.17로부터 198.69까지, 단숨에 반액까지 폭락한 뒤, 조금 회복된 국면이 있더라도 결국에는 3년 뒤 1932년의 41.22까지 1/10 정도까지 폭락했다. 1957년의 불황 쪽은 다음 58년에는 회복하고, 연말에는 그 4년 전, "1954년의 붐"을 재현하고 있다.

1929년에 이르는 활황(월가 용어에서 말하는 "소bull"="강

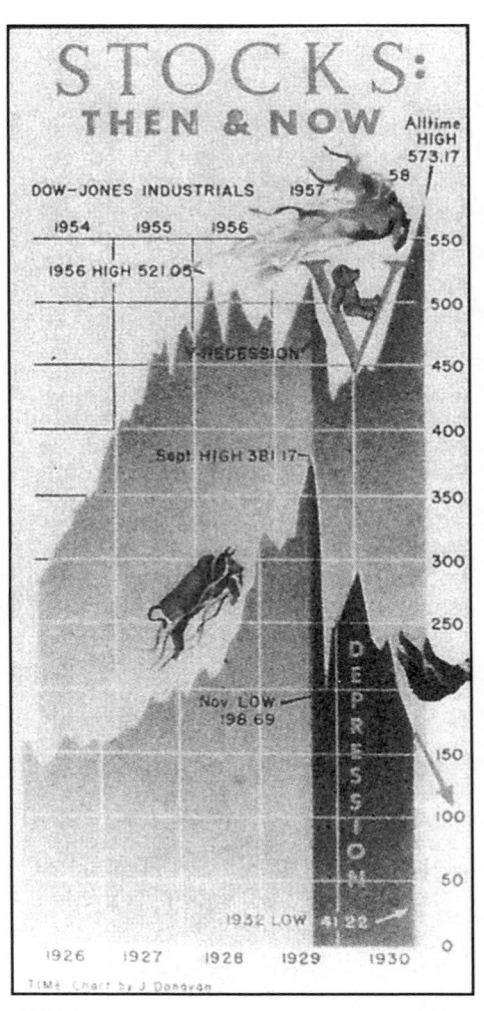

그림 1.1
1929년 공황과, 1957년 불황 전후의 뉴욕 주가지수의
변화를 비교하는 그래프(*Time*, 1958년 12월 29일호, p.44)

세")은 공황 이래의 "곰"(bear="약세")으로 전락했지만, 57년의 불황은 결국 엄청난 곰이 아니라, 다시 소생한 "소"로서, 이 연말에는 불꽃처럼도 보이는 날개를 달고서 날아오른다는 스토리다. 이 날개 달린 소 그림은 이 호의 표지에도 확대되어 있고, 불꽃처럼도 보이는 날개는 증권과 정보통신의 테이프로 붙여져 있는 게 분명하다. 소가 하늘로 날아간다는 의미다.

이 해 아메리카의 우주 로켓은 달에 착륙하지는 못했지만, "월가의 숫소"는 마치 이것을 달성하고 달도 능가했다고 말해진다.—다만 이 달은 물론 자연의 달이 아니라 화폐적인 부라는, 주조된 달이지만.

『타임』지의 이 연말의 전망은 비즈니스의 언설에 자주 있는 "경기 고양"으로도 보이지만, 그 이래의 경과를 오늘날 되돌아보면 몇 가지 기복이 있지만, 사실 이 뒤의 활황은 기본적으로는 『타임』지의 견해대로 1966년까지의 8년 동안에 걸쳐져 있다. 1966년, 73~74년, 81년, 90년 등의 후퇴나 정체는 있더라도 1929년 공황과 비교되는 듯한 파멸적인 공황은 현재까지 재발하지 않았다.(표 1.1)

"과거와 현재"를 대비하는 그림을 내건 『타임』지의 기사는, 이렇게 선언한다.

"이제야 아메리카는 이 지구상에서 예전에 보였던 어떠한 경로와도 다른, 새로운 종류의 경제에 의해서 축복받고

그림 1.2
Time, 1958년 12월 29일호 표지

표1.1 20세기 이래의 아메리카 경제

	국민총생산(GNP)[1] (10억 달러)		1인당 GNP[1] (달러)		1인당 가처분 소득[2](달러)		NY 다우 평균 주가[3] (달러)
	명목	실질 (2005년 기준)	명목	실질 (2005년 기준)	명목	실질 (2005년 기준)	
1900	19	329	253	4,320			71
10	32	543	342	5,873			81
20	87	668	818	6,272			72
1929	104	985	856	8,078	683	6,495	248
20	92	900	746	7,306	605	6,014	165
33	57	720	451	5,731	366	4,784	99
1940	102	1,171	770	8,862	581	6,950	131
45	223	2,017	1,596	14,411	1,088	9,074	193
50	295	2,017	1,946	13,294	1,384	9,236	235
55	417	2,516	2,524	15,222	1,713	10,221	488
1957	464	2,619	2,710	15,292	1,866	10,594	436
58	470	2,593	2,698	14,890	1,897	10,521	584
1960	530	2,848	2,930	15,757	2,020	10,860	616
65	724	3,636	3,727	18,711	2,562	12,933	969
70	1,045	4,296	5,094	20,946	3,586	15,151	852
1973	1,395	4,960	6,582	23,404	4,615	17,159	851
74	1,515	4,940	7,083	23,094	5,010	16,871	616
75	1,651	4,917	7,643	22,767	5,497	17,083	852
1980	2,822	5,908	12,394	25,945	8,794	18,855	964
85	4,244	6,888	17,794	28,880	12,911	21,561	1,547
90	5,835	8,075	23,323	32,276	17,004	23,557	2,634
95	7,444	9,122	27,924	34,216	20,470	24,939	5,117
2000	9,989	11,259	35,370	39,867	25,944	28,886	10,787
05	12,720	12,720	42,940	42,940	31,318	31,318	10,718
10	14,716	13,261	47,454	42,763	36,051	32,446	11,578

1 1900~20년의 GNP 및 1인당 GNP는 *Histotical Statics of the United States*, Millennial Edition. Cambridge University Press, 2006으로부터 작성.

2 U.S. Department of Commerce, Bureau of Economic Analysis(BEA)(2011년 9월 29일 최종 갱신 데이터).

3 Dow Johns Index "Index Price History"(2011년 10월 3일 다운로드 데이터).

있다"고.

1957년의 불황을 역전시킨 최대의 힘으로서 이 기사가 현양顯揚하는 건 "아메리카의 풍요한 소비자"다. 그리고 보드리야르가 인용하는 "1954년의 붐" 이야기와 서로 겹치는 이야기를 반복한다. "520만 대의 새로운 TV, 890만 대의 라디오, 110만 대의 냉장고, 274만 대의 자동 세탁기,……." 이밖에 "풍요함의 1958년의 심볼"로서 "보석을 위한 16억 달러, 모피를 위한 2억8천만 달러, 여행을 위한 201억 달러, 그리고 21억 달러를 아메리카의 새로운 취미, 보트 놀이를 위해. 아메리카의 소비자는 또한 그 공상을 부추긴다면 유혹당해서 3000만 개의 훌라후프마저 팔 수 있었다."

"자유로운 사회에서는"과 이 해의 대통령의 스피치가 끄집어내고 있듯이, 그것은 이 세기 말의 "냉전 구조"의 종언 = "자유로운 사회"의 경쟁 승리의 기제도 잘 보여주고 있다. "자유로운 사회"란 물론 이 시대의 어법에서, 아메리카를 중심으로 하는 "자본제" 시스템이다. 동시에 여기서는 "현대 사회"를 특색지운다고 여겨지고 있는 허다한 징표—"풍요" 사회, 소비 사회, 관리 사회, 시스템화 사회, 정보화 사회 등 등—의, 상호의 연관 필연성이 잘 드러나 있다.

20세기 후반을 틀지우고 있던 냉전 구조 속에서 "사회주의" 체제 쪽이 의거했던 "자본주의의 기본[적] 모순"의 이론은, 공황(또는 그 전쟁으로의 전화轉化)의 필연성이라는 논리를 기둥으로 삼고 있었다. 계속 확대함으로써밖에 존속할 수 없는 자본주의적인 생산력이 시장(수요)의 유한성 앞에서 주기적으로 파탄날 수밖에 없고, 이 파탄을 회피하려하면 군수軍需에 의한 "최종 수요"의 창출에 기대할 수밖에 없다는 논리다. 사실 자본제 시스템은 그 "순수한 모습"으로 여겨져온 자유주의적인 단계의, 영국에서의 확립 이래로 1825년, 36년, 47년, 57년, 66년과, 거의 10년의 규칙적인 주기성을 가지고서 공황을 반복해왔거니와, 몇 가지 형태를 바꾸면서 아메리카를 포함한 세계적인 규모에서 1873년, 82년, 90년, 1900년, 07년으로 공황을 거듭해왔다. 1914~1919년, 1939~45년의 두 차례의 세계대전 시기를 제외한다면 정확히 평화의 10년째로서 1929년에도 또한, 저 대공황을 경험해왔다.

아무튼 제2차 세계대전 이후에는 앞서 본 것처럼 아메리카를 필두로, 일본을 포함한 주요한 자본주의 나라들에서 30년 가까이 거의 지속적인 경제 성장을 보여주어왔고, 73년의 "에너지 위기" 이래로는 몇 가지 상당히 "위기적"인 국면을 포함하는, 구조적인 불황이나 저미低迷를 경험하고 있지만 "고전적"인 규모의 패닉으로서의 공황으로 닥쳐오지는 않는다.

또한 그 이전의 주식 시장에게 전쟁은 기본적으로 "호재료"이고("전쟁 경기"라는 말조차 있다), 자본가뿐만 아니라 고용을 찾는 실업자 무리도, 직접·간접적으로 파급하는 "경기"에 민감한 자영업자층도 어딘가에서 전쟁을 "대망待望" 하는 기풍과 그 생활적 근거를 공유하고 있더라도 현재에는 특정한 관련 업종 이외에는 일반적으로 전쟁 위기의 회피나, 평화의 확립이라는 뉴스 쪽이 주식 시장에게 있어서도 "호재료"로서의 효과를 갖는다.

이와 같은 자본주의의 "전환"을 가능케 했던 건 전쟁과는 다른 방식으로, 자본의 성장에게 필요한 수요를 만들어내는 방법을 그것이 획득했기 때문이다. 이 방법은 먼저 직접적으로는, 넓은 의미에서의 "케인스 혁명", 혹은 훨씬 일반적으로 국가의 시장에 대한 적극적인 개입에 의한 "관리된 자본주의"로의 이행으로서 설명된다. 수요의 창출을 명확하게 정책의 목표로 삼는 대규모의 공공公共 사업은 금리 정책 등에 의한 투자 수요의 자극과 더불어, 그 전형적인 이미지로서 알려져 있다.

그렇기는 하지만 58년의 대통령 담화와 『타임』지의 기사는, 이와는 반대 방향을 보여주고 있는 것처럼 보인다. 국가 개입의 확대가 아니라, 다시 국가 개입의 축소라는 방향이다. 국가 재정의 10% 이상이라는 대규모 감세에 의한 "되돌려줌"에 의해서 "풍요함을 찾아서 소매점에 쇄도하는" 소비자들의 자유로운 욕망을 통해서 번영을 보증하는 거대한 수요는 조절되었다. "소비 사회화"라는 것이 "자본주의의 기본적인 모순"을 뛰어넘는 힘으로서, "관리화"라는 방향과 기능적으로 등가인 것으로서, 이를 대체할 수 있는 또 하나의 형태로서 모습을 드러내고 있다.

실제의 역사의 흐름은, 물론 훨씬 복잡하다. "관리된 자본주의"화가, 단순하게 "소비 사회"화로 대체된다는 건 아니다. 아메리카에서의 "케인스 정책"의 최전성기는 오히려, 이 아이젠하워 정권 뒤의, 1960년대 케네디, 존슨의 민주당 정권 아래서였다. 연방 정부 재정의 규모는 이 사이 2배 이상으로 증대하고(대 국민소득 비율은 아주 조금 증대), 국가 재정은 아메리카 경제의 "자이로스코프gyroscope[회전축]"(다니엘 벨)가 계속 되어왔다. 이에 대한 리액션으로서 "재자유화", "조그만 정부"를 내걸었던 건 69년, 아이크의 부[대]통령이었던 닉슨의 공화당 정권이지만, 70년대에는 이것도 사실상의 정책 운영에서, 케인스적인 관리를 병용하는 것으로 되돌아왔다. 80년대, "워싱턴의 대낭비가"를 비난해서 정권을 잡은 레이건도 또한 결국 전후 최대의 지출을 한 "군사 케인스주의자"로서 비판받기에 이른다. 등등.

곧 단순하게 소비 사회화가 "관리된 자본주의"화를 계승했다는 게 아니라, 현대 사회의 거시적인 이론에게 긴요한 것은 〈관리화〉와 〈소비화〉라는 방향이 호환하고 상보하는 것으로서, 20세기 말의 "경쟁 승리"에 이르는 현대 자본제 시스템의, 지속하는 "번영"을 보증해왔다는 점이다.

또 하나의 논의의 벗어남을 막아두자면, 1950년대의 아메리카 자본주의 자체는 실은 "전쟁 경제"에 필적하는 규모의 거대한 군사 지출에도 지불되어 있었다. 『타임』지의 인용 기사가 전하는 "소비 붐"의 1954년에마저도 한국 전쟁은 이미 정전(53년 7월)해 있음에도 불구하고, 연방 재정 지출의 실로 2/3(66%)를 "국방비"가 차지하고, 이 비율은 1960년에 52%, 70년에 역시 42%로, "평시"라고는 생각되지 않는 비율을 차지하고 있다. 아메리카의 재정 형식은 교육, 복지, 우편, 의료 보건 등의 비용의 대부분을 주 정부, 지방 정부가 지출하고 있기 때문에 이 숫자를 단순하게 다른 나라의 숫자와 비교할 수는 없지만 이 주 정부, 지방 정부의 지출을 포함한 것의 통계를 100%로 해서 보더라도 군사비는 54년에 37%, 60년에 27%, 70년에 23%이다 "냉전"은 전쟁의 비유로서 말해지고 있는데, 이 문맥에서 문제가 되는 "최종 수요"의 구성에 관한 한, 그것은 적어도 반은 현실의 전쟁이었다.

아무튼 이 똑같은 반세기 동안에 한층 급속한 발전과 번영을 이룬 일본의 자본제 시스템은, 헌법을 둘러싼 정치적인 길항 속에서 국가 재정의 8% 이하, 국민 지출의 1% 이하라는 군사 지출로, 이 발전과 번영을 대국적으로 지속해 왔다.

물론 이 성공을, 한 나라만에 완결지워서 생각할 수는 없다. 일미[미일] 안보 조약에 의한 아메리카의 "핵 우산" 아래서 방위 지출을 면제받은 점, 번영의 많은 부분을 수출(외수)에 의존했던 점 등등. 아무튼 이 제1의 점은, 안전 보장이 군사력을 필요로 한다고 가정하는 경우에조차도 시장의 창출이라는 목적을 위해서는 군사 수요가 필요하지 않은 것이라는 논점을, 도리어 보강하는 것이다. 제2의 점(외수 의존)도 한국 전쟁, 베트남 전쟁의 "특수特需" 국면을 제외하고는 많은 시기에 군수는 그것 없이 지속과 번영이 불가능하다고 생각할 정도의, 결정적인 구성비를 차지하지는 않는다.

여기서의 논점은, 아메리카나 일본 자본주의의 옹호나 비판이 아니다. 이론으로서 여기서 긴요한 점은 자본주의라는 하나의 시스템이 반드시 군사 수요에 의존하지 않고서도 결정적인 공황을 회피하고 번영을 지속하는 형식을 찾아냈다는 점, 이 새로운 형식으로서, "소비 사회화"라는 현상을 먼저 파악할 수 있다는 점이다.

이 시대의 일본에서의 소비 사회적인 자본주의 발전의, 최초의 시대를 주도해온 기업가 마쓰시타 고노스케松下幸之助는 전후에 일찍 그 경영 이념을 표현하는 미디어로서 『PHP』지를 창간하여 현재에 이르고 있는데, 그것은 Peace and Happiness through Prosperity(번영을 통한 평화와 행복)의 약자다. 내셔널한 경제인으로서의 마쓰시타의 이념은 이 점에 있었다고 믿을 수 있지만, 이 점의 구조적인 의

미는 Prosperity through Happiness and Peace(행복과 평화를 통한 번영), 곧 군수에 의존하지 않고서 "행복"을 제공하는 것에 의한 번영이라는 형식을, 이 시대의 자본제 시스템이 찾아냈다는 점에 있었다.

1960년대에서의 선진 자본주의 세계의 4가지 경제 단위—아메리카, 영국, 유럽 공동 시장 나라들 및 일본의 국내 총생산에 대한 군사 지출의 비율과 이 10년 동안의 "세계 무역 쉐어" 속에서의 각 단위의 경제력의 확대 또는 축소의 비율을 관련지어보면 그림 1.3처럼 된다.

곧 대국적으로 보더라도 군사 지출이 적은 자본주의 경제 쪽이 발전과 번영에 유리했다는 점을, 그림은 보여주고 있다.

현대 사회의 이론으로서 확인해야 할 점은 이 사회의 주요한 징표로서 말해지는 "풍요" 사회, 소비화 사회, 관리화 사회, 시스템화 사회라는 특질이 확실하게 연관하고 호환하고 상보하는 전체로서, 저 고전적인 "자본주의의 모순"을 뛰어넘는 활로를 이 사회가 찾아낸 점—공황/전쟁으로 필연적으로 귀결해온 "기본적 모순"에 관한 한, 이것을 뛰어넘을 수 있는 형식을 가능성으로서 이 사회가 찾아내왔다는 점의 표현으로서라는 점이다.

1958년의 아메리카 대통령 담화와 『타임』지의 기사는 새로운 꿀벌의 우화를 말했다. 1714년의 맨더빌Mandeville

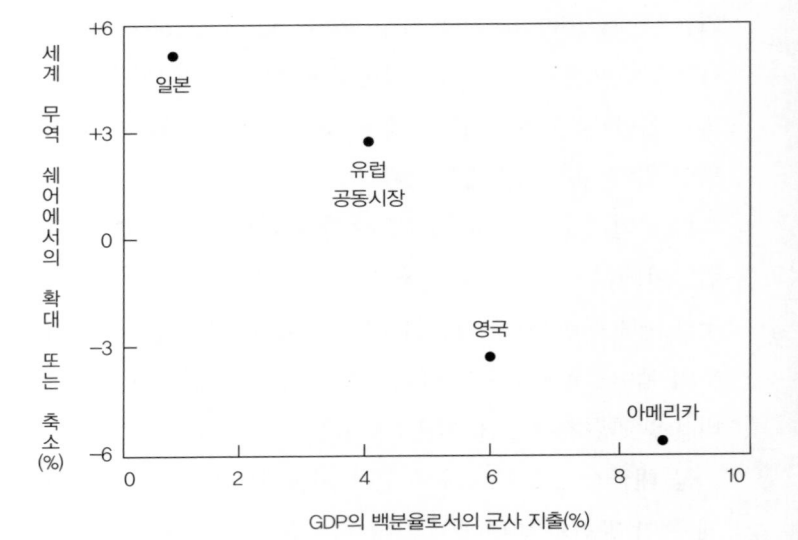

그림 1.3
1960년대의, 세계 무역 쉐어의 확대(+) 혹은 축소(−)와, 이 기간의 국내 총생산(GDP)에 대한 군사 지출의 비율의 국제 비교(Bowles, S., Gorden, D., Weisskpof, Th.; *Beyond the West Land*, 1983, 都留康 , 磯谷明德 訳 『アメリカ衰退の経済学』東洋経済新報社, 1986, p.84. OECD, National Accounts, ストックホルム國際平和研究所年報, 1975, 1981에 의한다. "세계 무역 쉐어"란 OECD 가맹국의 총수출에서 점하는 각국의 무역 쉐어)

은 사람들의 이익의 추구가 공익으로 귀결한다는 점을 서술했지만, 이 비유는 고전 경제학의 시대에 기본적으로 이익을 찾아서 **생산하는** 기업자들의 상으로서 이해되어왔다. 1958년의 꿀벌은 "소매점에 쇄도하는" 것을 통해서 번영을 보증한다고 한다. 생산하는 꿀벌로부터 소비하는 꿀벌로.

노동하는 꿀벌로부터 욕망하는 꿀벌들로.

　1980년대 말의 어느 해에, 성숙한 동쪽 소비 사회의 중심
지 하라주쿠原宿에서 아오야마山靑에 걸친 가로 가로에는
축제의 만국기처럼 길가에 가득히 휘날리는 플랭카드의 열
이 "수입으로 세계와 손을 잡자"라는, 정부의 손에 의한 소
비성 향상 운동의 호소를 반복하고 있었다. 처음에는 빈한했
던 국내 소비 시장 → 해외 시장에 대한 의존 → 과잉한 무
역수지의 흑자 → 국제 경제 마찰이라는 식으로 회로지워지
고 다층화되고 확대된, 새로운 꿀벌의 우화였다.

디자인과 광고와 모드

정보화로서의 소비화

"현대 사회"의 기본적인 특질이 전 사회적인 규모와 심도를 가지고서 실현하고 문제삼았던 건 제2차 세계대전 뒤의 "번영의 50년대"의 아메리카에서였던 걸 살펴보았다. 그렇기는 하지만 그 대부분의 요소나 측면은 제1차 세계대전 뒤의, "번영의 20년대"의 아메리카와 유럽에서 사회의 갖가지 국면 안에, 그 초기적인 모습을 드러내고 있었다.

1924년에 시작하고 27년에 실질적인 전회를 보인, 아메리카 전신전화 회사ATT 호손 공장의 실험 시리즈는, 경영 조직 내부에서의 현대적인 관리 시스템의 기초를 수립했던 것이라고 일컬어진다.

"호손 실험"은 처음에, 예를 들어 공장의 작업하는 쪽의 조명을, 몇 룩스로 하면 가장 능률이 높을까라는 점을 결정하려 하는 실험으로서 개시되었다. 이건 이 당시 최신 노동자 관리의 방식이었던, "과학적 관리법scientific manage-

32

ment"의 일환으로서의 발상이다. "과학적 관리법"은 공장에서의 작업을 요소로 분해해서 철저하게 기계화 · 합리화하고, 책상의 높이라든지 인원의 공간 배치, 벨트컨베이어의 속도 등등, 갖가지 물리적인 요인의 집합으로서, 최적의 생산효율 조건을 추구해왔다. "조명 실험"도 이 일환이었다. 그렇기는 하지만 실제로 수행해보면 현행보다도 조명을 밝게 한 그룹도, 어두운 그룹도 함께 능률이 올라버리는 등, 갖가지 불가사의한 일이 일어나서 실험이 제대로 되지 않았다. 왜일까를 실험자가 검토하는 와중에, 능률을 좌우하는 원인으로서 물리적인 조건 이상으로, 인간들의 관계라든지 감정이라든지 동기라는, 보이지 않는 사회 · 심리적 요인 쪽이 강하게 작동하고 있는 게 확인되었다. 예를 들어 "조명 실험"에서 말하자면, 실험을 위해 선발되었다는 "재미"라든지 과시라든지 나날이 새롭기 때문에 긴장되어서 조명을 밝게 해도, 어둡게 해도 능률이 상승되어버린다. 등등. 그래서 실험은, 이 "착란 요인"들 쪽으로 초점을 옮겨서 설계하게 되었다. 이렇게 해서 이 실험은 그 이전 단계의 자본주의의, 규격화하는 합리주의의 극한의 모습이라고 해야 할 "과학적 관리법"의 일환으로서 개시되면서 그 자기 부정, 자기 전회로서 노동자들의 감정과 동기와 욕망에 민감한, 소프트하고 동시에 한층 포괄적인 관리 시스템의 개발로 길을 개척하게 되었다.

생산 시스템 내부에서 일어난 이 현대적 전회의 날짜가 되었던 1927년은 또한 유통과 소비의 국면도 포함하는, 사회적 생산의 거대한 사이클의 장면에서도 실은 마찬가지 구조를 가진 현대적 전회의 날짜이기도 했다.

그것보다도 이전 단계의 자본주의의, 기계화하고 규격화하고 획일화하는 대량 생산 방식의 국면의 모습이라고 해야 할 포드 시스템의 결정체인 "T형 포드" 차가 GM의 새로운 자동차 판매/생산 전략, 디자인과 광고와 크레디트를 기둥으로 삼는, 소프트한 보다 포괄적인 전략, "소비자의 감정과 동기와 욕망에 민감한" 시스템 앞에 패배하고서 생산의 정지에까지 몰렸던 게, 이 1927년이었다.

이 "승패"는 소비 사회론의 일본에서의 대표적인 이론가인 우치다 류조內田隆三가, 이 소비 사회론으로서의 주저의 이론적인 기저를 제시하는 부분(『소비 사회와 권력』 제1장 제1절 "소비 사회 변용")에서 이것을 중심 사례로서 논의를 전개하고 있는 것을 통해서, 그것은 또 하나의 거대한 전회─ 정보에 의한 소비의 창출을 정상 상태로 삼는 시대의 개막을 고지하고 있었다.

1908년에 제작된 "T형 포드"는 단일 모델을 18년 이상이나 대량 생산을 지속하는 가운데, 공장을 철저하게 기계화·합리화하는 것을 통해서 코스트 다운을 도모하여 "자동차의 가격이 2000달러를 웃돌던 시대에 T형 포드는 950

달러로 판매되고, 1924년에는 290달러로까지 내리고 있다." "포드의 기능주의적 사고는 사물을 '표준화된 호환성 부품'으로 분해하고, '초 단위로 매겨진 시간' 위에서 합리적으로 조립한다는 방식을 만들어냈다."(內田, 같은 책)

포드 시스템의 이런 사고법은 인간의 작업 공정을 철저하게 분해하고 표준화하고 규격화하고, "초 단위로 매겨진 시간" 위에서 합리적으로 조립한다는 방식을 취하는 딜러 시스템을 전형으로 삼는, "과학적 관리법"의 사고와 정확히 대응해 있다.

그러나 이 T형 포드의 성공 자체가 리스만과 라라비의 말을 빌리자면, "T형 포드로는 더 이상 만족할 수 없게 되는 풍요한 시장을 만들어내버렸다." 자동차는 "만드는 것보다도 파는 쪽이 어려운 상품"이 되었다.(「아메리카에서의 자동차」, 『무엇을 위한 풍요』 수록)

테일러와 똑같은 기계공 출신의 기술자였던 포드의 창시자, 헨리 포드와는 대조적으로, 제너럴 모터스의 창업자 듀란은 "공업 기술에 대해서는 전적으로 무지했던 건 잘 알려져 있다." 듀란은 그 대신에, "소비자의 소리에 민감하게 반응할 수 있는" 조직에 커다란 권한을 주는 시스템을 수립했다. 이 조직은 당초, "미술과 색채 부문"으로 이름붙여져 있었다.(리스만/라라비, 같은 책)

듀란은 디자이너인 해리 얼을 부사장에 발탁하는데, 이것은 물론 이 시대의 산업계에서는 전례 없는 전략이었다. 얼은 "자동차는 보여주어서 판다"는 원칙을 GM의 정책으로서 확립한다. 그는 1927년형의 "러셀"을 필두로 해서 3200만 대의 자동차를 디자인하고, 자동차라는 걸 "창조력을 구사해서 만드는 금속제의 조각"답게 만들었다.

그것은 낡은 포드의 기능 합리주의에 대한, "디자인과 광고를 위한 해마다의 모델 체인지"라는 전략의 승리였다. (같은 책)

"디트로이트 전략의 본질"(리스만/라라비)로서의 이 〈모델 체인지〉의 의미는 프랑스의 롤랑 바르트에 의해서 간명하게 이론화된다. 바르트는 직접적으로는 의복의 모델 체인지로서의 "모드mode"를 소재로 해서 이렇게 정식화한다.

"모드는 두 종류 리듬의 관계로서 정의할 수 있다. 하나는 소모의 리듬(u)인데, 이것은 어떤 하나의 피스 내지 의복한 세트가 새로운 것으로 변하는 자연적 시간을 물질적 욕구라는 측면만에 대해서 재는 것이다. 또 하나는 구매의 리듬(a)인데, 똑같은 피스 내지 의복 한 세트를 두 차례 사는 동안의 시간적인 간격을 재는 것이다. 모드(현실의 모드)란 a/u라고 말해도 좋을 것이다. 만약 u=a, 곧 의복이 소모에 따라서 팔리는 것이라고 한다면 모드는 존재하지 않을 것이다. 만약 u〉a, 곧 의복의 소모가 구매를 상회하고 있다고 한다면 빈곤 상태가 있게 되거니와, 만약 a〉u, 곧 구매가 소모를 상회하고 있다고 한다면 거기에 모드가 존재하게 된다. 구매의 리듬이 소모의 리듬을 뛰어넘고 있으면 있을수록, 모드의 지배력은 강해진다."(롤랑 바르트『모드의 체계』)

"GM의 승리"는 자동차를 현대의 복식服飾과 똑같은, 디자인과 광고와 모드의 상품으로 삼았던 데 있다. 18년 이상에 걸쳐서 동일 기종을 계속 생산했던 "불멸의 차" T형 포드의 사상을 반전시키고서 모드의 고유성인 **"연차성"**의 상품으로 전화했던 데 있다. "액셀러레이터"라는 아메리카적으로 솔직한 표현을 그 본질로 해서 롤랑 바르트가 인용해서 밝히듯이, 모델 체인지란 소비의 **악셀을 밟는** 것을 통해서 경제적인 "번영"의 악셀을 밟는 전략이다.

바르트가 말하는 a/u가 1보다 크다는 점. 점점 이 수치는 커지는 방향으로 회전을 가속하는 점. 이와 같은 모델 체인지와 〈모드의 논리〉가 소비 사회를 구동하는 메커니즘이다.

a/u의 수치를 크게 하는 것, 곧 구매의 "회전을 빠르게" 하는 것은 모드에게 고유한 **자기 부정**을 통해서 이루어진다.

"모드는 어제는 멋지게 디자인된 라인"이었던 걸, 예사로 "접힌 곳과 갈라진 곳/매듭과 틈" 취급을 한다. 모드는 "올해의 테라드 슈트는 젊어지고 보들보들한 것이 되지요"라는 것인데, 그렇다면 작년의 슈트는 "낡아빠져서 **뻣뻣했던**" 것일까?(롤랑 바르트, 같은 책)

모드는 이 **자기 부정**을 통해서 세계를 지배한다. 디자인은 "그 자체로서" 모드가 되는 건 아니다. 동일한 디자인을 긍정하고, 또한 부정하는 광고 소리를 통해서 모드는 지배한다. (부정은 보통 "말해지지 않는 반대 가치"로서 보이는 걸 바르트는 지적한다. 그러나 일본의 광고에서의 "当社比[우리 회사에서는]"라는 기초 어휘는, 이 부정을 아무렇지도 않게 말하는 형식이다.)

듀란이 처음부터 그렇게 설계하고 있듯이, 디자인과 광고라는, 서로 남을 전제하고 서로 매개하는 〈정보화〉의 두 가지 양상을 양론으로 해서 소비 사회의 "번영"의 주행走行은 구동하고 있다.

욕망의 공허한 형식

●

또는 욕망의 데카르트 공간

인간이란 양식良識을 상실한 동물이다.

이처럼 동물들은 인간을 비평하고 있을 것이라고, 니체는 썼다.

인간은 어떠한 욕망도 가질 수 있다. 필요로 하지 않는 걸 욕망할 자유(혹은 광기), 필요로부터 이륙한 욕망의 추상화된 공간이 a/u의 자유롭게 가속하는 운동을 가능케 하고 있다.

"디자인의 승리는 다음과 같은 걸 보여준다. 즉 차의 외관에는 결정적인 게 없다." 리스만/라라비는 이처럼 서술한다. 결정적인 게 없다는 이 공허한 **무규정성**이 "형식의 자유로운 세계를 연다."

"자동차는 겉모습으로 팔린다"는 제너럴 모터스의 정책은 잠재적으로 무한한 용량을 가진 시장을 찾아냈다는 것이다.

"낡은 포드가 상관항으로 삼았던 욕구는, 이른바 용량의 한정된, 자연에 존재하는 소재와 같은 것에 불과했다. 무한한 용량은 정작 공허한 형식에 깃든다.(內田, 앞의 책)

"근대"라는 사회의 존재 방식이 그 기저로서 형성해온, "세계를 보는 방식"의 틀로서의, 자유로운 공허한 무한성의 형식으로서의 공간은, 공간을 말하는 사람들 사이에서 "데카르트 공간"의 이름으로 불려왔다. 정보가 해방시킨 **욕망**의 데카르트 공간이라고 해야 할 "형식의 자유로운 세계"가 "소비 사회"의 운동을 보증하는 공간이고, 운동을 보증하는 공간으로서 소비 사회가 스스로 계속 생성하는 세계의 형식이다.

자본주의 상의 전환

순수 자본주의, 로서의 〈정보화/소비화 사회〉

소비 사회 운동의 자유를 보증하는 욕망의 이륙이라는 건 오해되듯이, "자연의 필요"로부터의 문화의 이륙이 아니다. 자연의 필요로부터 문화의 욕망의 이륙이라는 것이라면 어떠한 공동체의 전통으로서의 문화의 양식도, 이미 자연의 "필요"를 이륙하는 과잉한 욕망을 회로지우고 있었다. 현대 소비 사회의 다이내미즘을 보증하는 〈욕망의 데카르트 공간〉은 욕망이 자연으로부터 자유로울 뿐만 아니라, 욕망이 **문화로부터도** 자유로운 것을 통해서 실현된다. 물론 문화로부터 자유로운 욕망은, 다시 문화의 수중으로 **빠지는** 것이거니와, 그 운동을 지배하는 힘도 문화적인 것이어도, 요점은 "자연"이든 "문화"든 욕망을 **한정하고 고정화**하는 힘으로부터의 자유라는 것이다.

자본제 시스템 일반이 존립하는 것의 전제는, 〈노동의 자유로운 형식〉이었다. 소비 사회로서의 자본제 시스템이 존립하는 것의 전제는 (이 노동의 자유로운 형식에 덧붙여서) 〈욕망의 자유로운 형식〉이다.

혹은 자본제 시스템 일반의 운동의 다이내미즘을 보증하는 공간이 〈노동의 추상화된 형식〉인 것과 마찬가지로, 소비 사회로서의 자본제 시스템의 운동의 다이내미즘을 보증하는 공간은 (이 노동의 추상화된 형식에 덧붙여서) 〈욕망의 추상화된 형식〉이다.

자본제 시스템 일반의 존립의 전제로서의 〈노동의 추상화된 형식〉은 역사적으로는 "이중의 의미에서 자유로운" 노동 주체의 형성으로서 실현된다.

즉 첫째로, 노동 주체의 전통적인 공동체와 그 겹쳐 쌓음[積層]에 의한 한정과 고정성으로부터의 해방.—"이동의 자유", "직업 선택의 자유" 등등. 둘째로, 노동 수단과의 직접적인 결합으로부터의 분리—토지 등등, 공동체에 의해 보증되고, 혹은 한층 원초적으로는 직접적으로 자연에 의해 주어져 있던 노동의 실현 수단으로부터 갈라놓이고, 시장 관계(노동력 시장에서의 주체의 상품으로서의 매각)라는 회로를 통해서밖에 자기를 실현할 수 없는 노동 주체의 대량적인 창출.(마르크스 『경제학 비판 요강』, 『자본』)

소비 사회로서의 자본제 시스템 확립의 전제로서의 〈욕망의 추상화된 형식〉은 역사적으로는 "이중의 의미에서 자유로운" 욕망의 주체의 형성으로서 실현된다.

첫째로 욕망 주체의, 전통적인 공동체와 그 겹쳐 쌓음에 의한 한정과 고정성으로부터의 해방. 둘째로는 충족 수단과의 직접적인 결합으로부터의 분리—공동체에 의해서 보증되고, 혹은 한층 원초적으로는 직접적으로는 자연에 의해 주어져 있던 충족의 실현 수단으로부터 갈라놓이고, 시장 관계(소비재 시장에서의 대상의 상품으로서의 구매)라는 회로를 통해서밖에 자기를 충족할 수 없는 욕망의 주체의 대량적인 창출.

이처럼 해서 "소비 사회"는 자본제 시스템의 논리 자체의, 소비의 영역으로의 관철이자 일반화이다.

고전적인 자본제 시스템의 모순—수용의 유한성과 공급 능력의 무한 확대하는 운동 사이의 모순, 이게 "공황"이라는 형태로 현재화顯在化함으로써 "자본주의 모순"의 전형적인 증명으로서 말해져온—이 기본 모순을, 자본제 시스템 자체에 의한 수요의 무한한 자기 창출이라는 방식으로 해결하고 뛰어넘어버리는 형식이 〈정보화/소비화 사회〉에 다름 아니었다.

이처럼 해서 〈정보화/소비화 사회〉는 비로소 자기를 완성한 자본제 시스템이다. 자기의 운동의 자유를 보증하는 공간으로서의 시장 자체를, 스스로 창출하는 자본주의. 인간들의 욕망을 만들어내는 자본제 시스템. 자본제 시스템은 여기에 비로소, 인간들의 자연의 필요와 공동체들의 문화 욕망의 유한성이라는, 시스템에게 있어서 **외부**의 전제에 대한 의존으로부터 탈출하고, 전제를 스스로 창출하는 "자기 준거적인" 시스템, 자립하는 시스템으로서 완성한다.

〈정보화/소비화 사회〉는 오해되어 있듯이, "순수한 자본주의"로부터의 일탈이나 변용이 아니라, 〈정보화/소비화 사회〉야말로 정작 최초의 순수한 **자본주의**다.

마르크스는 이 순수한 자본주의, 자본제 시스템의 자립과 완성 형식을 보지 못하고서 죽었다. 그리고 자본주의 **형성 도상途上**의 형태, 노동의 추상화된 자유의 형식만 전제하고, 욕망의 추상화된 자유의 형식을 아직 전제할 수 없는 자본주의의 형태를, 이 시스템의 순수한 완성태로 보고서 그 이론의 모델을 만들었다.

베버는 "프로테스탄티즘의 윤리"가 〈자본주의 정신〉의 원형이면서, 자본제 시스템이 영속하는 궤도에 오르기 시작하면서 그 종교성/윤리성을 탈색하고 상실해가는 것을 보고 있었다. 그렇기는 하지만 이 탈색과 해체는, 예를 들어 "카리스마적 지배"가 세습 카리스마나 관료 카리스마로 갈라져가는 역사 속에서 조금씩 그 아우라를 탈색하고 상실해가는 메커니즘 일반과도 다르거니와, "승리에 빛나는 자본주의는 기계의 기초 위에 안주하고 있어서 역시 금욕으로부터의 지원을 받는 걸 필요로 하지 않는다"(『프로테스탄

티즘의 윤리와 자본주의의 "정신"』)라는, 소극적인 이유로부터
만은 아니다.

　케인스는 공급보다도 수요가, 생산보다도 소비가 자본제
의 시스템에게 결정적인 문제인 걸 통찰하고 있었다. 케인
스는 이 통찰을, 마르크스처럼 자본주의를 부정하기 위해
서가 아니라, 자본주의를 긍정하기 위해서 사용했다. "케인
스 혁명"과 그 반케인스주의적인 철저화라고 해야 할 "정
보 소비화"는 자본주의 정신의, 프로테스탄티즘의 윤리로
부터의 해방과 자립의 완성태일 뿐만 아니라, 자본주의의
시스템으로서의 순화와 완성에게 있어서 프로테스탄티즘
의 윤리의 부정이 불가피했다는 점의, 구조적인 필연을 해
명하고 있다.

유혹당해 있는 것의 황홀과 불안

시스템의 고리로서의 행복/행복의 고리로서의 시스템

"가면 무도회에 들어갈 때는 모든 게 신기하게 보인다. 그러나 아무튼 이 아찔한 색채의 무리 모두에게 향해서 '아름다운 가면이여, 나는 너를 알고 있다.'고 말할 수 있을 때가 온 것이다."

이처럼 샌드 부버는 쓰고 있다.

그렇지만 가면 뒤쪽에 있는 걸 "알고 있는" 사람에게도, 가면 무도회는 (그것이 자주 가능한 것인 한) 아름답고, 즐겁고, 매혹적이다.

다케다 아오츠쿠竹田青嗣는 이노우에 요스이井上陽水의 노래의 메시지에 접촉하면서 요스이의 노래가 가면 뒤에 있는 걸 "알고 있지"만, 〈그래도 역시 이 "가면 무도회"의 설렘에 가득찬 예감의 세계로 이끌려가지 않을 수 없는〉 것의 심정의 리얼리티를 여러 차례나 표현하는 것임을 지적하고 있다. 가면이 가면인 것을 아는 걸 통해서 사람은 리얼리스

트가 될 수도 있지만, 요스이는 "자신 속의 리얼리스트 쪽을 물어죽였던 것이다."(竹田青嗣 『요스이의 쾌락陽水の快樂』)

특히 후기 요스이가 그것에 유혹당하고 있는 것의 현기 증을 몇 차례나 노래하고 있는 건 〈도회지의 에로스적 환 영〉이라고 다케다가 부르고 있는 것이다.

"건축이나 공간이나 가로나 일류미네이션의 의장意匠적 인 조형. 모드나 패션의 방향성과 속도. 광고나 포스터나 CF의 디자인이나 카피가 엮어올렸다가는 풀려나가는, 도 시의 표층적 환영."(같은 책)

"어느 밤이나 파라다이스/ 기쁨만 거듭된다/ 달콤한 와 인에 취해 있을 때도/ 언제나 밤은 파라다이스/ 기쁨만 거 듭된다/ 사랑의 게임에 빠진 채로"(井上陽水 「사랑만 받다보 면愛されてばかりいると」)

"아름다운 가면"의 뒷쪽에 있는 걸 거의 철이 들 무렵부 터 알면서, (TV는 라디오와 달라서 "무대 뒤를 보는" 데 알맞은 미디어인 걸, 맥루한은 지적하고 있다!) 그것에 유혹당한 채로 있는 걸 향유하고, 혹은 도리어 잘 유혹하는 것인지 아닌지 를 예민한 비판의 기준으로서 선택하는 대처 방식은 "제2 차 베이비 부머"로 불리는 1970년대 이래 세대들에게는 오 히려 평상과 같은 기초적인, 정보 소비 사회의 내부를 살아 가는 것의 기법이 되고 있다.

정보를 통해서 욕망을 만들어낼 수 있다는 것. 이리하여 열린 〈욕망의 데카르트 공간〉, 혹은 욕망이 한정되지 않는 자유의 형식이 소비 사회의 운동을 비로소 가능케 하는 것을 앞서 살펴보았다. 그렇지만 이 점은 실은, 소비 사회의 추상적인 가능성의 조건을 보여주는 데 불과하다. 확실히 "용량은 무한"하다고 해도, 실제로 생각해본다면 어떠한 상품도 즉시 그것에 알맞은 "욕망"을 소비자 속에 형성할 수는 없다. 새로운 상품은, 이미 어떤 욕망에 대응할 필요가 없고, 새로운 욕망을 창출하는 것이어도 좋지만, 이 "새로운 욕망"은 적어도 그 시대의 소비자(의 적지 않은 부분)에게 매력적이라고 감각되는 상품에 의해서밖에 촉발되지 않는다. 소비 사회의—"표면적"이든 무엇이든—, 고유한 "즐거움", "화려함", "매력성"은 욕망이 "전적으로 자유롭게" 만들어진다는 형식만에 의해서는 거꾸로 설명되지는 않는다. 거기에는 "매력적"인 걸 둘러싼 치열한 다툼이 있다.

필요를 근거로 삼을 수 없는 건 보다 아름답지 않으면 안 된다. 효용을 근거로 삼을 수 없는 건 보다 매혹적이지 않으면 안 된다.

이류은 과연 끌여당겨진 공간 안에 머물 수밖에 없는, 어떤 **중간 대기권** 내부에 펼쳐지는, 이 아름다움과 매력성을 둘러싼 치열한 경쟁이, 〈정보화/소비화 사회〉의 고유한 "즐거움", "화려함", "매력성"을 증식하고 계속 전개시키는 **적극적인** 동인이다.

목축업자는 자신이 투하한 자본이 회전하고 증식하는 사이클 안의 결정적인 부분을, 가축 자신의 식욕과 생식욕에 맡겨둘 수 있다. 도리어 목축업자에게 자본의 이 확대 재생산은 정작 가축 자신의 왕성한 욕망에 의존하고 있다. 가축의 기쁨은 목축업자의 기쁨이라는 의미다. "가축이 먹이를 먹는 건 가축 자신의 기쁨이기 때문이라고 해서 그것이 자본의 재생산 과정의 일환인 건 바뀌지 않는다." 『자본』의 마르크스는 이렇게 적고 있다. 여기서 마르크스는 대중의 소비 과정에 대해 말하고 있다.

여기서 마르크스가 말하고 있는 건 올바르다고 하더라도 이 명제는 똑같은 자격으로, 반전시켜서 볼 수도 있다. 곧 가축이 먹이를 먹고, 생식 욕구를 채운다는 건 목축업자의 자본 순환의 일환을 이루기 때문이어도 그게 가축의 기쁨인 건 바뀌지 않는다고. 혹은 〈대중이 소비하는 건 그게 자본의 증식 과정의 일환을 이루기 때문이어도 그게 대중 자신의 기쁨인 건 바뀌지 않는다〉고.

거기에는 다만 목가적pastral인 공존의 관계가 있을 뿐이라고 말할 수도 있다.

곤충과 현화顯花[꽃을 피우는] 식물은 동물계와 식물계 속에서 가장 눈부시게 번영을 이룬 가지[分岐]이지만, 그것은 서로 자신을 상대방의 재생산 사이클 안의 불가결한 일환으로 삼는 것을 통해서 실현된다. 벌꿀의 삶은, 연꽃이나 유채씨 생명의 재생산의 일환에 들어가 있지만, 벌꿀은 꽃 꿀에서 취한 채로 있는 것, 유혹당한 채로 있는 것에 행복을 느끼고 있을 것이다. 행복이라는 의식은 없는지 모르겠지만, 인간이 행복이라는 의식을 의식할 때의 신체적인 기저에 있어야 할 것의 감각을 감각하고 있을 것이다.

꽃의 색채와 꿀의 달콤함은, 인간이 이 세계 속에서 아름다운 것, 행복한 것의 메타포의 원기로 삼아온 것이어도, 그것들은 유혹의 필요로부터만 살아가는 것이다(마키 유스케真木悠介『자아의 기원自我の起源』).

시스템과 외부

〈시스템의 고리로서의 행복〉이라는 게 그런 것이기 때문이라는 이유만으로 비판받을 근거는 없음을 살펴보았다. 그것은 〈행복의 고리로서의 시스템〉으로서, 반전해서 되잡아둘 수도 있는 것이기 때문이다. 현대의 정보화/소비화 사회에 대한 어떠한 비판도, 이 사회의 고유한 "즐거움"과 "매력성"이라는 경험의 현상과, 그게 이 시스템의 존립 기제 자체의 불가결한 계기인 걸 선명히 해두지 않는다면 이 우리의 사회 형식의 리얼리티의 핵[심]의 곳을 제외한 인식이 될 수밖에 없을 것이다.

그 위에서, 현대 사회의 전체적인 인식을 지향하는 이론은 이 시스템의 "한계"를 드러내는 문제계를, 시야에 넣지 않으면 안 된다.

첫째로, 말할 것도 없이, **자연**과의 임계면에서 "환경", "공해", "자원", "에너지" 문제로서 말해지고 있는 문제계. "소비 사회"시스템의 해방 욕망의 무한 공간과, 그 실재의 전제인 혹성과 [대]기권의 조건의 유한성 사이의 모순의 다양한 표현으로서 볼 수 있는 것이다.

둘째로는, 이 시스템과 외부 사회 사이의 임계면에서 "남북" 문제, "제3세계" 문제라는 부적절한 호칭에 의해서밖에 아직 그 전체를 말하지 못하는 문제계다. 지리적으로는 "선진 산업국들"의 [권]역내에 "내부화"되어 있는 마찬가지의 빈곤과 해체도, "풍요 사회"의 행복한 고리의 시스템 외부로 배제되고, 더구나 이 해당 시스템 자체에 의해서 형성되고 규정되는 불행인 것으로서, "남북 문제" 등등과 동형의 구조를 가질 뿐만 아니라, 현실에도 서로 이행하고 서로 전형하고 있는 것이다. (역외 플랜트, 유입 노동력, 에스니시티/마이너리티 문제 등등.) 정보화/소비화 사회의 번영이 "필요"의 땅을 이륙한, 욕망의 자유로운 형식의 무한 공간을 열었다는 경우에 이 이륙된 "필요"의 땅 쪽은 어떻게 되는가라는 문제로서도 제기된다.

현대 경제학에서 말하는 "외부성externalities"이라는 말은 환경, 공해 문제를 전형으로 해서, 시장 시스템이 그 외부에 미치는 작용을 다루는 컨셉으로 사용되고 있다. 이걸 사회 시스템 이론의 컨셉으로서 일반화함으로써 우리는 정보화/소비화 사회의 "외부 문제"라고도 불려야 할 것을 다루어보자.

현대 사회의 이론이 다루어야 할 문제계에는, 이와 같은 "외부 문제" 이외에, 정보화/소비화 사회의 "내부 문제 internalities"로 불러야 할 문제계다. 이 자기 준거하는 시스템의 상관항으로서 형성되는 주체의 형식─탈근거화된 욕망의 무한성과 그 상호 관계라는 경험이 우리의 삶의 세계의 경험의 현실성에 어떠한 귀결을 만들어내는지, 인간들의 리얼리티와 아이덴티티의 변용을 둘러싼 문제계다.

이와 같은 "내부성"의 문제계는 새삼스럽게 그 자체로서 전면적으로 전개하고 싶다고 생각하고 있는데, 여기서는 직접적으로는 다루지 않는다. 그렇지만 여기서의, 이른바 "하드한 기초 이론"의 부분과, 이와 같은 "소프트한" 내부 문제의 추구라는 작업은 처음부터 서로 대응하는 것으로서 평행해서 진행되어왔는데, 이하의 각각의 장에서도 이와 같은 "내부성"의 문제로 향하는 방법을, 미리 잠세潛勢시키는 방식으로 나아가고 싶다고 생각한다.

사회의 이론은, 특히 현대 사회의 이론은 어떠한 사회가 진정으로 바람직한 사회인지라는 것에 대한, 기본적인 평가와 방향이 명확히 파악되지 않는다면 안정된 명석한 인식이 될 수 없다. 20세기의 경험은 인간의 〈자유〉를 원리로 삼는 사회가 아닌 한, 설령 어떠한 이상과 정열로부터 출발한 사회여도 반드시 새로운 억압 시스템으로 전화할 수밖에 없다는 걸 보여주었다. 우리의 사회가 그 외부와 내부에, 어떠한 곤란을 만들어내는 것이어도 그 곤란들을 뛰어넘는 건 〈자유〉를 내팽개쳐버리는 걸 통해서가 아니라, 진정으로 〈자유로운〉 사회의 실현에게 있어서 필요한 조건과 과제는 무엇인가라는 방식으로만 제기되어야 할 것이다.

　최후의 장에서는, 이처럼 〈자유〉를 원리로 삼는 사회의 형식이, 현재는 우리의 사회를 특색지우고 있는 두 가지 힘선—〈정보화〉와 〈소비화〉라는 힘선의 잠세하는 **사정거리를 연다는** 방식으로, 임계 문제를 뛰어넘을 수 있는 사회의 형식을, 〈가능한 미래〉에 대한 전망으로서 거칠게나마 묘사하고 싶다고 생각한다.

제2부

환경의 임계/자원의 임계

현대 사회의 "임계 문제" I

『침묵의 봄』

레이첼 카슨Rachel Carson의 『침묵의 봄*Silent Spring*』은
환경 문제, 공해 문제의 "고전"으로 생각되고 있다. 사실 그
것은 자원, 에너지 문제를 포함해서 광의의 "환경" 문제에
대한, 세계적으로 널리 읽히고, 광범한 영향을 가진 일련
의 표준적인 텍스트—1972년 로마 클럽의 『성장의 한계*The
Limits to Growth*』, 80년 아메리카 합중국 정부 특별 조사 보
고 『서기 2000년의 지구*The Global 2000 Report*』, 84년 이래
로 나오고 있는 월드워치 연구소의 연차 보고 『지구 백서
State of the World』, 92년 리우 데 자네이루의 "환경과 개
발에 관한 국제연합 회의"(지구 서미트)의 공식서 『지구 에
식스*Our Country, The Planet*』) 등의 단초를 이루는 것이었다.
  "고전"이라는 취급 방식은 누구에게나 그 책 이름을 잘
알고 있는 것 치고는 현재에는 그 내용을 반드시 끝까지 읽
지 않는 것도 있다. 이 책이 제기하고 있는 문제의 기본적

인 구조는 지금도 변하지 않았거니와 지금도 역시 액츄얼한 문제이지만, 여기서 다루고 있는 개개의 화학 약품류의 다수—DDT, BHC 등—는 오늘날에는 규제되어 있어서 거의 사용되지 않는다. 그래도 카슨이 묘사하고 있는 것과 같은 계절의 침묵—새의 부재나 강의 죽음이나 토양의 오염은 오늘날 훨씬 거대한 규모로 실현되고 있다. 도리어 우리가 이 책에서 "역사적"인 걸 감각하는 것은, 거기서 그녀가 **신선한 고통**을 가지고서 고발하고 있는 개개의 것들이 우리에게, 또한 한 세대 이상 사이에 일상의 것이 되어버리고 있는데, 그 분노의 신선함과 같은 것에 눈부심과 당혹감마저 느껴버리기 때문이다.

예를 들어 이런 식이다.

새가 또 돌아온다면 아아 봄이 온다고 생각한다. 그러나 조금 빨리 일어나도 새가 우는 소리가 들리지 않는다. 그런데도 봄만이 찾아온다—아메리카에서는 이런 일이 진기하지 않게 되었다. 이제까지 온갖 새가 울었는데, 급격히 새 소리가 사라지고, 눈을 즐겁게 해주는 형형색색의 새 모습도 사라졌다. 갑작스런 일이었다. 모르는 사이에 그렇게 되어버린 것이다.

(편지) "우리 마을에는 몇 년째 느릅나무에 약품을 뿌렸

습니다. 여기로 이사온 건 6년 전, 그 무렵엔 새가 많았습니다. 먹이상자를 걸면 차례차례로 창창홍관조, 박새, 작은 딱따구리 등이 겨울에 밀어닥치고, 창창홍관조나 박새는 여름에 새끼를 데리고 왔습니다. /매년 DDT가 산포되자 마을에서는 작은 새, 찌르레기 새가 모습을 감추었습니다. 박새는 이 2년 동안 모습을 보이지 않았고, 금년에는 창창홍관조도 돌아오지 않았습니다. 근처에 둥지를 틀고 있는 건 비둘기 하나밖에 없고, 캣 버드라는 조그만 울림소리 일가 이외에는 아무것도 없습니다."

20세기 말 현재, 레이첼 카슨의 이 새로운 전율을, 다소 "시대에 뒤떨어진"것처럼 느끼는 사람이 많아지고 있다. 그것은 씌어져 있는 게 해결되고, 이미 존재하고 있지 않기 때문이 아니다. 반대로, 그게 많은 나라에서 **보통 일**이 되고, 아무도 그 점에 주목하지 않게 되었기 때문이다.

1992년의 리우 "환경과 개발" 회의의 기조 보고에서 필자 람팔은 이 『침묵의 봄』에 대해서, "지금도 당시와 다르지 않는 설득력을 갖고, 그 상황은 현재 더욱 확대되어 있다"고 적고 있다.

그대로이지만, 여기서는 이 책을 군이 하나의 "역사적인" 도큐먼트로서, 그게 씌어진 시대와 구조의 문맥 속에 일단 위치지워서 읽어보자.

1. 이 책은 1962년에 출판되었다. 인용한 투서 편지는 1958
   년에 씌어졌다. "6년 전"이라는 건 1952년이라는 셈이다.
   기록되어 있는 사실의 날짜는 〈1950년대의 아메리카〉
   다. 곧 우리가 제1장의 앞부분에서 다루었던 "번영의 50
   년대", "소비 사회"가 최초의 전적인 전개를 보인 시대
   다. 이 책은 "현대 사회"의, 또 하나의 창세기다. 그것은
   "현대 사회"의 발생기發生機의 동전 뒷쪽과 직접적인 귀결
   을 기록하고 있다는 의미에서, 사회학적으로 결정적인
   도큐먼트다.

2. 이 책에서 다루고 있는 문제는, 현재에서 보자면 대단히
   부분적이다. 곧 대부분 농업 문제만을 다루고 있다. 자동
   차의 배기, 대도시의 "생활 폐기물", 일렉트로닉스 등의 "
   하이테크 공해" 등에 앞서서, 농업이 최초의 대규모적인
   환경 파괴의 인자로서 등장했던 건 우연이 아니다. 저자
   는 이 책의 제3장에서, 이런 걸 적고 있다. "그것은 제2
   차 세계대전의 자매였다. 화학전의 연구를 진행하고 있
   는 가운데 살충력이 있는 화학 약품이 갖가지 발견되어
   왔다. 그런데 우연히 알게 된 건 아니다. 원래 인간을 죽
   이려고 온갖 곤충이 널리 실험대에 사용되었기 때문이었
   다." 곧 군수의 전용이다. "살생 능력"의 제1차적인 전환
   에 농업이 있었다. 1947년에는 이 전쟁 중에 개발된 새
   로운 합성 살충제가 124,259,000톤 생산되었고, 60년에

는 637,666,000톤으로까지 성장해서 번영의 50년대의 일각을 보증했다. 〈군사를 위한 소비〉가 아니라, 〈소비를 위한 소비〉에 뒷받침되는 순수한 자본주의로의 전환의, 최초의 솔직한 형태가 농업이었다.

3. 중심적인 장의 하나인 제7장 「누구를 위한 대파괴?」에서는 풍뎅이를 퇴치하기 위해서 공중에서 철저하게 산포된 알드린, 딜드린이나 헵타클로르에 의한 참상이 기록되어 있다. "일리노이주 블루 아일랜드에서는 우는 새의 80%가 희생되었다. 일리노이주 죠리에의 헥타클로르를 산포한 지대에서는 '사실상 새들은 일소되어버렸다.' 토끼, 사향쥐, 주머니쥐, 물고기도 많이 죽었다." 등등. "이렇게 대규모로 위험한 짓을 할 필요가 있었을까?"라고 저자는 묻는다. 야외 생물학자의 증언으로는 "디트로이트의 마을에 있는 콩풍뎅이의 숫자는 적지 않다. 이 기간에 수가 증가하는 것도 전혀 없다. (1952년에) 콩풍뎅이라고 하면 디트로이트 정부가 장치한 고리에 걸린 2, 3마리 이외는, 아직 1마리도 보이지 않았다.……일체 비밀로, 숫자가 증가했다는 구체적인 보고는 전연 입수할 수 없었다." 콩풍뎅이가 "나타났다"고 정부가 발표했을 뿐, 아무것도 확인되지 않는 가운데 계획은 대부분 실행에 옮겨지고, "중앙 정부는 기구를 제공하고, 또한 인부를 고용하고, 마을이나 부락은 비용을 지불했다." 등등. 그것은 대부분, 농

업을 대량으로 소비하는 것 자체가 목적으로밖에 고려되지 않은 사태의 추이였다는 것을, 카슨은 기록하고 있다.

4. 콩풍뎅이는 아메리카 영어로 Japanese beetles라고 한다. "일본충"이라는 의미다. 이 우연이, 시대 속에서 이 갑충의 불행을 증폭했는지도 모른다고 생각된다. "초록색의 금속성의 광택을 지닌" 이 콩풍뎅이는 아메리카에는 없던 것인데, 20세기 초 정도에 일본에서 들어온 것으로 믿고 있었다. 1912년의 수입 제한보다도 이전에 묘목에 붙어서 입국해버린 이민imigrant이라고 한다. 그것은 어떠한 피해도 확인되지 않았던 지방에서 이 대규모적인 **공중 폭격**은 대일본 공중 폭격에 의한 극적인 승리의 쾌감의 기록의 새로운 시대의 사회심리에 의해서도 어느 정도 증폭되었는지도 모른다. 〈군사를 위한 소비〉 시스템으로부터 〈소비를 위한 소비〉 시스템으로의 전환의 당초 국면의 출발점을 읽을 수도 있다. 아무튼 이와 같은 내셔널리즘과 공격성의 잠재 의식화에 의한 설명은 "재미"가 있을지 모르지만, 표적을 벗어나는 것이다. 이런 "사회심리적"인 요인은 대부분의 경우에 이런 동인을 선동하고, 때로는 합성하기조차 해서 커다랗게 이용하는 현실적인 이해관계가 존재하는 것이다. 사실 이런 과잉한 공격은 Japanese beetles에 대해서뿐만 아니라, 불개미fire ant나 매미나방이나 모기에 대해서도 이루어지고 있고,

또 하나의 중심적인 장(제10장)의 주제는 "네덜란드 두릅나무병"에 대한 마찬가지로 과잉한 공격이다. 그리고 이들 사례 모두가 "아메리카 전토를 덮는 독毒의 스프레이 계획의, 아주 일부에 불과한" 것이다.

5. 콩풍뎅이를 퇴치하기 위해 아메리카의 동부 여러 주에서 전통적으로 사용해온, 천적을 사용한 자연 방제법에 대해, 카슨은 구체적으로 소개하고 있는데, 결론만 말하자면 이 방법은 처음 한 번 실시해두면 시간이 지남에 따라 효과가 높고, (천적의 생명력을 통해서) "영속적인 방제가 가능하다." 이에 반해서 화학 약품을 사용하는 방법은 "무한하게 앞으로 나아갈 수밖에 없다." 비용을 들여서 몇 년이나 살포하지 않는 한 효과는 없어진다. 이전의 것은 쓸데없다고 하는 "자동적인 폐멸화라는 현대의 경향에 물들어 있는 것은" 농약 쪽을 선택하겠지라고. "자동적인 폐멸화"로 여기서 불리고 있는 건 롤랑 바르트가 말하는 "모드의 논리"와 똑같은 전략에 의한 것이다. 곧 〈소비를 위한 소비〉를 통한 번영이라는 시스템의, 기본 논리 그 자체다. "필요"라는 관점에서 본 화학 약품의 결점 그 자체가 필요를 이룩했던 "유효 수요"라는 관점에서 보자면 "잇점"으로서 현상해온다. "무한하게 앞으로 나아간다"라고 하는 운동의 가속력accelerator이 된다. 똑같은 논리를, 불개미나 느룹나무좀벌레에 대한 "전투"에서 아

메리카 농무성이 전통적인 방법이나 자연적인 방법을 강력하게 배제하면서 채택한 방법에 대해서도 볼 수 있다(제8장, 제10장 외).

6. "약품 산포는 곤충뿐만 아니라 곤충의 제1의 적, 새를 혼내준다. 뒤에 곤충이 재발생하게 되면 (그리고 대체로 이런 처지가 된다) 그것을 억제해야 할 새들이 이제는 어디에도 없다." 이처럼 해서 해충을 방제한다는 하나의 필요를 위한 방법이 자연의 새들의 손으로부터 떠나서 **상품 경제 시스템** 속에 집어넣어진다. 곧 여기서도 또 하나의 거대한 "마켓이 개척된다." 이것은 〈근원적 독점〉이라는 이름으로, 이반 일리치가 불렀던 메커니즘이다. 전통적인 의미의 "독점"은 하나의 기업이(혹은 아주 소수의 기업이) 시장으로부터 다른 기업을 배제하는 걸 통해서 기업의 경쟁의 자유를 부정한다. 〈근원적 독점〉은 상품 시스템이라는 것이 필요를 충족하기 위한 다른 방법을 배제해버리는 걸 통해서 생활 방식을 선택할 자유를 부정한다. "억제해야 할 새들이 더 이상 없다"고 카슨이 쓰고 있듯이, 그것은 자연적인(다른 경우에는 공동체적인) 선택지를 해체해버리는 걸 통해서 상품 시스템에 대한 의존을 강제한다.

7. 콩풍뎅이에 대한 농약의 대량 산포를 묘사한 제7장 「무엇을 위한 대파괴?」를, 레이첼 카슨은 이런 서술로 마치

고 있다. 셸던 마을에서 전문가가 죽음에 임박한 야생 종
다리를 관찰하고 있는데, 그것은 "근육의 조절이 불가능
하고, 날기도 서기도 불가능하고, 옆으로 쓰러지면서도
날개를 자꾸만 바둥바둥하고, 발가락은 꽉 잡혀 있다. 부
리를 벌린 채 고통스럽게 숨을 쉬고 있다." 땅다람쥐는
얼마나 고통스러웠을까. 그 사체는, 그 뒤를 진흙이 무언
으로 말하고 있다. "등을 구부리고, 앞발은 뒷발의 발가
락과 단단하게 맞물리고,⋯⋯머리와 얼굴을 젖히고, 입
은 벌린 채 진흙이 꽉 차 있다. 괴로운 나머지 흙을 마셨
다고 생각된다."

8. "동물들을 이렇게 따끔하게 맛보여주면서 부끄럽게 사
람은 한 명도 없을까?" 저자는 최후에, 이렇게 덧붙이
고 있다.

9. 오늘날 우리가 이 서술을 읽으면 이 참혹한 서술조차 어
딘가 조금은 "목가적"인 걸 감수해버리는 건 아닐까? 그
것은 우리가, 예를 들어 "미나마타水俣"의 사진과 기록 속
에, 이 야생 종다리나 땅다람쥐와 똑같은 죽는 방식, 사
는 방식을 행했던 인간의 자식들, 노인들, 장년들의 죽음
을 보아버리고 있기 때문이다.

미나마타

『침묵의 봄』의 저자는 1950년대의 아메리카에서 물고기나 새들이 자취를 감추어가는 세계를 기록한 뒤에, "인간만 안전하다고 말할 수 있을까"라고 적고 있다.

일본의 큐슈 시라누이카이不知火海의 미나마타 비료 공장의 배수구를 중심으로 한 일대에서는 1953년 무렵부터 고양이가 광사狂死하고, "바닷새나 까마귀가 하늘에서 떨어져 바다로 돌입한다든지 하였다." 1955년이 되자 "미나마타만에 접한 어촌의 고양이가 죽어버리고 닭, 개, 돼지, 족제비까지 광사하게 되었다."(原田正純『미나마타병은 끝나지 않았다水俣病は終っていない』). 그 뒤 10년 이상 동안 수많은 비명횡사자들을 포함한 수만 명의 피재민 사이에 피해를 계속 확대한 유기 수은有機水銀 공해의 전조였다.

1956년에는 구마모토대학 의학부의 연구반에 의해서 이

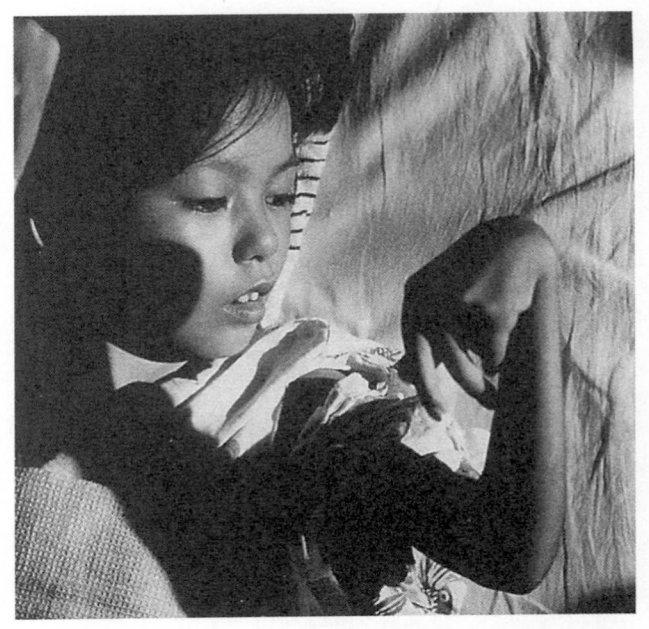

그림 2.1

(위) 소녀 유리는 5세까지 완전히 건강. 미나마타병 발병 뒤에 시력, 청력, 언어를 모두 상실한다.

(아래) 다른 피해자의, 미나마타병 때문에 변형되어 기능을 상실한 손(石牟礼道子 『고해정토苦海淨土』 講談社, 1969, 桑原史成 촬영)

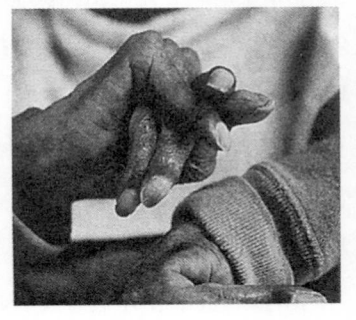

상한 원인이 비료 공장의 배수에 있는 게 거의 확실하다는 것이 밝혀졌다. 1959년까지 이 인과 관계는 몇 차례나 확인되고, 유기 수은 화합물에 의한 병리病理도 해명되어왔다. 이들 연구를 종합해서, 59년 11월 12일, 후생성의 미나마타병 식중독부 회의는 "미나마타병은 미나마타만灣 및 그 주변에 생식하는 어패류를 대량 섭취함으로써 주로 중추신경 계통의 장애를 불러일으키는 중독성 질환이고, 그 주된 요인을 이루는 것은 어떤 종류의 유기 수은 화합물이다"라고 답신하였다. 이 시점에서 곧바로 비료 공장(질소 미나마타 공장)이 아세트알데히드 관계의 조업을 중지하였다면 "환자는 몇 분의 일로 억제되었을 것이다."(原田, 앞의 책)

아무튼 이 대처는 이루어지지 않았다. 다음날 11월 13일의 내각 회의에서 후생성 장관으로부터 이 답신이 보고되자 당시 통산성 장관 이케다 하야토池田勇人 씨는 미나마타병의 원인이 기업의 공해라고 단정하는 건 "경솔한 생각"이라고 이례적인 발언을 한다. 비료 생산의 관계 공정의 조업을 정지하는 건 이로 말미암아 강력한 정책적 의사를 가지고서 "유보"된 채로, 그 뒤 9년 동안에 걸쳐서 폐수 배출은 계속된다. 아세트알데히드의 생산량은 이 이래로 도리어 증대하고, 1960년대 후반에 이르기까지 만 내의 수은량을 계속 증가시키고, 새로운 환자를 계속 발생시킨다. 도리어 그 전해부터의 공장 배수구의 변경(미나마타강으로의 방

류)을 통해서 피해를 널리 시라누이카이 전역으로 확산시켜간다.(그림 2.2)

미나마타병 사건의 비참함의 대부분을 귀결시키게 되는 이 의학 외적인 원인—사건을 기록하는 많은 저자들이 뼈저리게 지적하는 이 9년 동안의 "유보"의 배후에는, 어떠한 시대의 구조가 있었을까.

1959년 11월 13일의 내각 회의에서 미나마타병의 공해로서의 대책을 "유보"시켰던 이케다 하야토 씨는, 다음해인 60년에 수상으로 지명되고, 1960년대 일본의 "기적의 경제 고도 성장"을 주도하게 된다.

1945년의 패전과 그에 이은 "전후 개혁"은 일본 국가의, 헌법을 정점으로 하는 법 체계와 정치 시스템, 지배적인 이데올로기를 바꿨다. 아무튼 농촌과 도시의 구조에서부터 가족의 형태에 이르는, 일본 사회의 기본적인 구조가 변용했던 건 1960년대를 중심으로 하는, 이 "고도 성장"기다. 일본에서의 "현대 사회"의 창성기創成期라고 해야 할 시기다.

이케다 정권의 캐치 워드는 "소득 배가 계획"인데, 그 실질을 이루는 구조 정책의 2개의 기둥은 농업 기본법(1961년)과 "전국 종합 개발 계획"(1962년)이었다. 전자는 "농업 구조 개선 사업" 등으로 구체화하고, 후자는 "신산업 도시 건설 촉진법" 등으로서 구체화되었다. 이와 같은 정책을 통해서 첫째로, 공공 투자의 공업 개발로의 집중, 둘째로 그

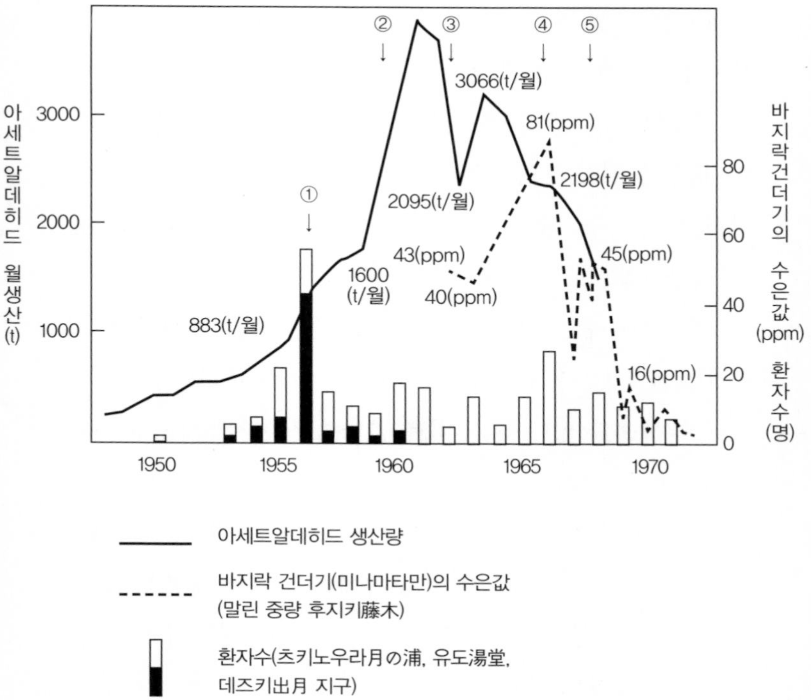

아세트알데히드 월생산 (t)
3000
2000
1000
바지락 건더기의 수은값 (ppm)
환자수 (명)
80
60
40
20
0
①
②
③
④
⑤
3066(t/월)
81(ppm)
2198(t/월)
2095(t/월)
43(ppm)
45(ppm)
1600 (t/월)
40(ppm)
883(t/월)
16(ppm)
1950
1955
1960
1965
1970
아세트알데히드 생산량
바지락 건더기(미나마타만)의 수은값 (말린 중량 후지키藤木)
환자수(츠키노우라月の浦, 유도湯堂, 데즈키出月 지구)

그림 2.2 아세트알데히드 생산량과 어패류의 수은값과 환자수

① 미나마타병의 정식 발견
② 미나마타병의 원인이 명확히 되었다
③ 칫소[질소]의 노동 쟁의 ④배수를 폐쇄 순환식으로 전환 ⑤생산 정지

검은 막대기는 1971년 무렵까지 정식으로 인정된, 급성 · 아급성 전형 예. 하얀 막대기는 제2차 연구반이 1973년에 새로 발견한 환자(原田正純『水俣病は終っていない』岩波新書, p.103)

이면으로서 농촌부 소농민에 대한 보호 중단과 이농해서 도시로 집중할 수밖에 없는 임금노동자 무리의 창출, 셋째로 이 시책을 뒷받침하기 위한, 농업 부문의 "근대화"=기계화, 화학 농업화와 농촌에서의 생산과 생활 수단의 상품 시장화가 실현되었다. 요컨대 "고도 경제 성장"에 필요한 ①자본, ②노동력, ③시장, 의 3자가 상관해서 조달되었다.

이와 같은 구조 전환의 맥락 속에서 (지역 공업 개발의 선구적 모델이기도 한 미나마타의) 질소가 이 당시 분담한, 대량으로 생산하고 있던 질소 비료 공급의 끊이지 않는 계속은 구조 개혁의 "2가지 주요 기둥"—농업 근대화와 공업 지역 개발이 연동하는 필요의 일각을 구성하고 있었다. 저 각료 회의에서의 이례적인 발언의 뒷쪽에는 단순한 개별 대기업에 대한 감독 관청의 보호라는 수준을 넘는 정책적 의사가 존재하고 있었을 것이다.

"미나마타병" 사건사의 결정적인 분기점인, 1959년 11월이라는 시점은 거시적인 사회 구조의 변동이라는 관점에서 보더라도 결정적인 굴절점이었다. 앞서 이야기한 대로, 만약 이 시점에서 후생성 쪽의 조사 결과가 봉인되지 않고서 발표되었다면 비참한 피해의 대부분은 미연에 방지할 수 있었을 것이다. 6년 뒤인 1965년 6월에는, 니가타의 아가노강阿賀野川 유역에서 "제2의 미나마타병"이 발견되는데, 그 원인은 쇼와전공 카노세昭和電工鹿瀬 공장의, 질소 미나마타 공장과 전적으로 똑같은 아세트알데히드 공장이었다.

이 1959년의 "유보"가 해제되어서 정책은 비로소 이 공해의 원인을 정식으로 인정한 건 9년 뒤, 1968년 9월 26일의 "정부 견해"로 불리는 것이었다. 그게 어떠한 시점이었는지를 보면 1959년 11월부터의 9년의 "유보"의 의미가, 한층 명확히 보인다.

첫째로, 하라다 마사즈미가 지적하고 있듯이(표2.1) 질소와 동형의 알데히드 관계 공장은, 이 1968년을 경계로 점차 최종적으로 생산을 중지하고 있다. 시대의 기본적인 흐름이었던, 전기화학으로부터 석유화학으로의 전환 속에서 이 해에 구식 제조 공정이 최종적으로 "필요 없는 물건"이 되어 있던 것이다. 곧 피해를 예방하는 데는 전혀 의미가 없게 된 시점이 되어서야 비로소 원인이 인정되었다. 생산의 효율 우선이라는 정책의 텔레오노미(목적 지향)의 노골적인 관철이다.

둘째로, 한층 거시적으로 보자면 이 1968년에, 일본의 GNP는 처음 유럽 나라들을 제치고서 자유 세계 제2위의 "풍요 사회"를 달성하고 있다. 화폐적인 지표로 측정되는 한에서는 이 시기 일본은 사상 "가장 성공한 자본주의 나라"로서, 대중 경제 사회의 전개를 실현하고 있다.

미나마타의 오염 공해는 니가타의 쇼와전공에 의한 "제2의 미나마타병", 욧카이치시의 석유 콤비나트에 의한 오염,

토야마의 진즈강 하류 일대의 이타이이타이병 등과 나란히, 이 대중 소비 사회의 번영의, 또 하나의 창세기다.

표2.1 아세트알데히드 관계 공장 표

회사명	공장명	소재지	생산 개시–중지	아세트알데 히드생산량 누계 (천 톤)	미회수 수은량 누계 (톤)
칫소	미나마타	미나마타시	S.7.3–43.5	약 456	약 207
전기화학공업	아오미	니가타현 아오미쵸町	20.4–43.5	167	54
쇼와전공	카노세	니가타현 카노세쵸	11.1–40.1	103	34
철흥사	사카다	야마가타현 사카다시	14.4–36.1	35	13
일본합성	오가키	기후현 오가키시	3–39.9	150	8
일본합성	구마모토	구마모토현 우토시	19.1–40.4	96	5
타이셀	아라이	니가타현 아라이시	12.3–43.3	307	5
미쓰비시 가스화	하마마쓰	니가타현 니가타시	35.5–40.1	38	26

(48.6 통산성 조사)

原田正純 『水俣病は終っていない』 岩波新書, p.72

환경

●

『침묵의 봄』이 묘사한, 아메리카에서의 최초의 대규모 환
경 오염의 배후에는, "번영의 50년대"에서의 현대 대중 소
비 사회의 최초의 전면적인 전개가 있었다. 레이첼 카슨이
그 개개의 사례마다에 상세하게 검토하고 있는 방법, "표
적"이었던 곤충이 일반적으로 과대하게 선전되는 것이었던
점, 보다 안전하고 값싸고 유효하기조차 한 "자연적" 혹은 "
전통적"인 대체 수단이 존재했던 점으로부터 추론해서, 그
게 대량의 농약의 〈소비를 위한 소비〉에 기인하는 것이었던
점은 명백하기 때문이다.

미나마타의 대규모 오염 공해의 배후에는 일본에서의 현
대 대중 소비 사회의 형성 국면으로서, "고도 경제 성장"을
뒷받침하기에 충분한 자본과 노동력과 시장을 창출하기 위
한, 농업/농촌의 근대화와 지역 공업 개발을 두 기둥으로서
연동하는 국토의 전면적인 해체와 재편의 강행이 있었다.

그 발생과 확대와 방치의 과정은 현실의 인간과 자연에 대한 플러스 마이너스의 기여보다도 시스템이 스스로 정의하는 지표로 측정되는 이익을 위한 효율을 자기 목적화하는, 〈구조의 텔레오노미적인 전도〉라고도 해야 할 걸 기반으로 삼은 것은 명백하다.

현재의 〈정보화/소비화 사회〉가 스스로 자신의 무한정 성장과 번영을 위해 설정하는 무한 공간―인간들의 현실적인 필요가 이륙하는 〈욕망의 추상화된 형식〉 혹은 〈욕망의 데카르트 공간〉이란 이와 같은 〈소비를 위한 소비〉, 〈구조의 텔레오노미적인 전도〉의 순수화되고 세련되고 완성된 형식이다. 50년대의 아메리카에서 벌어지고, 50년대/60년대 일본에서 벌어진 건 모습을 바꾸어 일반화되어서 대량 소비 사회와 이 사회가 그 "외부"로서 개발하는 모든 지역에서 일어나고 있다.

『워싱턴 포스트』 1994년 6월 20일자에 따르면, "아름답고 푸른"(으로 예전에 불렸던) 도나우강, 도니에스텔강, 도니에프릴강이 흐르는 흑해는 "유럽의 반쪽 지역에서부터 흘러들어오는 화학·유기 오염 물질이 고인 곳이다. 예전에 흑해의 상업 어업을 뒷받치고 있던 약 30종의 어패류 가운데 잔존하고 있는 건 5종뿐이다. 과거 10년 동안에 총어획고는 70만 톤에서 10만 톤으로 떨어졌다."

92년 리우의 환경·개발 UN 회의에 대한 람팔 보고에 따르면, 아메리카 동부의 수천 개에 달하는 호수에는 이미 물고기가 살지 못한다. 스웨덴에서는 약 3000개의 호수에 산酸을 중화시켜서 물고기가 살게 하려고 석탄이 산포되었다. 지중해 "북쪽에는 폐액을 바다로 흘려보내고 있는 제철소나 화학 공장이 있고, 남쪽과 모든 해안 지역에는 피혁 공장, 제지 공장 등 오염 물질을 배출하는 공장이 흩어져 있다. 매년 지중해에는 3만 톤 이상의 납이나 수은을 포함한 유독 금속이 90만 톤 이상의 살충제 잔유물이나 기타의 오염 물질과 함께 흘러들어가고 있다."

세계은행의 추계로는, 해양에는 매년 200억 톤의 폐기물이 흘러들어가고 있다. 매 초—낮이나 밤이나—1톤 적재 트럭 500대 분량이다.

로스앤젤레스에서는 1970년대에 이미 위기 상태에 있던 자동차 배기가스에 대해서 탈황·탈초 촉매를 아주 일찍 채용했지만, 그래도 1988년에는 아이와 호흡기나 심장이 나쁜 사람들은 집 밖으로 나오지 않도록 경고된 날이 75일 간에 이르렀다. 1989년 이래로는, "아마 오늘날까지 가장 야심찬 반反오염 계획"을 위해, 약 150가지의 강력한 규제와 매년 30억 달러의 경비를 예정하고 있다.(람팔 보고)

1980/90년대의 세계적인 환경 문제의 주요한 초점의 하나는 프레온가스 등에 의한 오존층의 파괴였다. 1991년의 아메리카 환경보호국에 의한 추정치에서는, 오존층 파괴

가 불러일으키는 강렬한 자외선 때문에 현재 살아 있는 사람들 가운데 10억 명의 사람들이 이로부터 피부암에 걸릴 가능성이 있고, 그 다수는 죽음에 이른다고 한다. 이 외에, 백내장이나 면역 기능의 부전화不全化, 콩이나 쌀 등의 생산의 악화가 영향으로서 알려져 있다. 이 프레온의 발생원은, 1968년의 일본의 조사에서는 전자부품(반도체)의 세정용(47%), 우레탄 등의 발포제(24%), 냉장고, 카 쿨러의 냉매(18%), 화장용 등의 에어졸 스프레이(9%)로 되어 있다. 1990년대 아메리카에서는 주로 전자산업에서 사용되고 있다고 한다. "정보화/소비화 사회"의 전형적인 파생물이다.

프레온은, 그래도 국제적인 환경 협정의 가장 획기적인 성과를 올린 물질로 생각되고 있고(1997년 몬트리올 의정서, 등), 2000년까지 새로운 프레온의 발생은 거의 억제될 가능성이 크더라도(그 경우에도 피해 자체는 수십 년, 혹은 그 이상 지속된다) 새로운 화학 물질을 역시 매일 1,000종 정도 만들어지고 있다. 프레온 자체도, 원래는 "가장 무해한 물질"로 생각되고 있었다. 직접적인 유독성은 전혀 없었기 때문이다. 현재 어떤 화학 물질 약 500만 종 가운데 수만 개의 물질에 대해서는 "유해한지 무해한지의 검증을 서두르지 않으면 안 된다고 말하고 있다."(宮本憲一『환경경제학環境経済学』)

자원

고도 대중 소비 사회라는 시스템 쪽에서 보자면, 이 시스템의 외적인 "한계"로서, 환경·공해 문제보다도 한층 직접적으로 "보기 쉬운" 건 자원·에너지의 유한성이라는 문제다. 레이첼 카슨과는 대조적으로, 이 시스템의 중심적인 담당자 자신의 주도에 의해서 확립된 로마 클럽의, 널리 알려진 보고서 『성장의 한계』는 환경 오염 문제도 다루고 있지만, 임팩트가 있는 역점은 자원·에너지의 유한성 문제에 향해 있다.

보고에 따르면, 1970년 당시의 성장률이 그대로 계속된다면 알루미늄은 31~55년, 구리는 21~48년, 납은 21~64년, 수은은 13~41년, 석유는 20~50년 안에 고갈된다고 한다. (상한의 숫자는 지구의 매장량을, 당시 알려져 있던 것의 5배로 했을 경우의 연수.) 갖가지 보정은 필요할 테지만, 현재의 대량 소비 사회가 그 성장의 형식을 근본에서 바꾸지 않는 한, 이 상한 숫자를 크게 넘을 수는 없을 것이다.

1980년에 아메리카 대통령에게 제출된『서기 2000년의 지구』에서도 석유는 늦어도 2020년에는 세계의 생산이 수요를 충족시키지 못하게 된다고 예측되고, 불소, 은, 아연, 수은, 황, 주석, 납 등도 2020년까지 고갈된다고 예측하고 있다. 이것은 1976년의 수요를 기준으로 삼았던 경우로, 이 당시의 수요 증가율의 예측을 기초로 삼을 경우에는 고갈하는 것의 리스트에 더욱이 텅스텐, 구리, 니켈 등이 더해진다.

실제로는 고갈하기 직전에 가격이 상승하고, 몇 가지 용도가 단념되거나 대체 가능한 자원으로 대체되어서, 숫자로서 제로가 된다는 의미는 반드시 아니다. 로마 클럽에 의한 최초의 리서치 당시에 이미 현실의 것이 되어 있던 변화만도, 수은은 70년까지의 20년에, 500% 가격을 상승하고, 납은 30년 간에 300% 상승하고 있다. (이 두 가지의 희소 자원은 이 기간에 현재의 생산/소비 시스템을 통과하는 걸 통해서 바다고기의 몸 안에 농축 축적되고[수은], 도시의 공기 속에 확산하고[납], 유해한 것으로 변했다.)

이와 같은 희소화에 의한 가격 고양을 통해서 숫자상으로 고갈하기 전에 그것들은 각각의 생산과 소비의 방식에, 한계를 강요할 것이다.

20세기 후반에 이 사회가 경험해온 모습의 "성장"을, 다음 반세기에 똑같은 방식으로 계속하는 건 **물리적으로** 불가능하다.

정보화/소비화 사회가 찾아낸 〈시장의 무한성〉이라는 성장의 무한 공간은 〈자원의 유한성〉이라는 새로운 임계와 마주치고 있었다.

"붐 타운". 자립 시스템의 한계

이 한계는 자원, 에너지만큼 직접적으로 "보기 쉬운" 모습은 아니지만, 시스템의 아웃풋을 허용하는 환경 조건 쪽에도 존재하는 건 이 장의 앞에서 본대로다.

현재의 사회 시스템을 특색지우는, 대량 생산이나 대량소비도 우주적 진공 속에서 이루어지는 건 아니기 때문에 우리는 이 시스템을, 다음과 같이 파악하지 않으면 안 될 것이다.

[대량 생산 → 대량 소비] ……①

⇩

[대량 채취 → 대량 생산 →대량 소비) → 대량 폐기] ……②

"대량 생산/대량 소비" 시스템으로서 보통 말하고 있는 건 하나의 무한 환상의 형식이다. 사실은 "대량 채취/대량 생산/대량 소비/대량 폐기"라는 한계지워진 시스템이다.

곧 생산의 최초의 시점과 소비의 최후 말단에서 이 혹성과 그 대기권의 "자연" 자원과 환경의 여건에 의존하고, 그 허용하는 범위에 한정되어서밖에 존립할 수 없다.

"벌채 마을이나 광산 마을은 안정된 코뮤니티가 되지 못하는 경향이 있다." 이처럼 1995/96년도 『지구 백서』는 서술하고 있다. 아메리카의 뎃도윗도나 사우스다코타, 볼리비아의 포트시와 같은 "붐 타운"은 이제는 "고스트 타운"이되어 있다고.

그것은 물론, 버진 머티리얼[천연 자원]의 "붐적"인 채취/채굴이라는 게 지속 불가능한 시스템이기 때문이다. 그렇지만 이 점은 생물 자원·무생물 자원의 대량의 개발/채취에 의존하는 **사회 시스템 전체**의 운명을 표현하고 있다. "문학적"인 비유나 상징과 같은 게 아니라, 현실적인 머티리얼[물질]대사 구조의 축도로서 표현하고 있다. 지구와 생명과인간의 역사 속에서 이 혹성의 대기권을 둘러싼 갖가지 물질대사의 지표를 그래프에 그려보면(그림 2.3), 20세기라는하나의 세기의 변화가 "붐"이라고 불릴 수밖에 없는 극적인것임은 명백하다. 이것은 단순히 "인구 폭발"에 의한 것이라고 말할 수는 없다. 1900~85년의 세계 인구의 증가는 3배인 데 반해서, 에너지 소비량은 약 15배로 증가해 있다(石弘之『지구 환경 보고地球環境報告』), 등등. 우리는 이 "붐 타운"

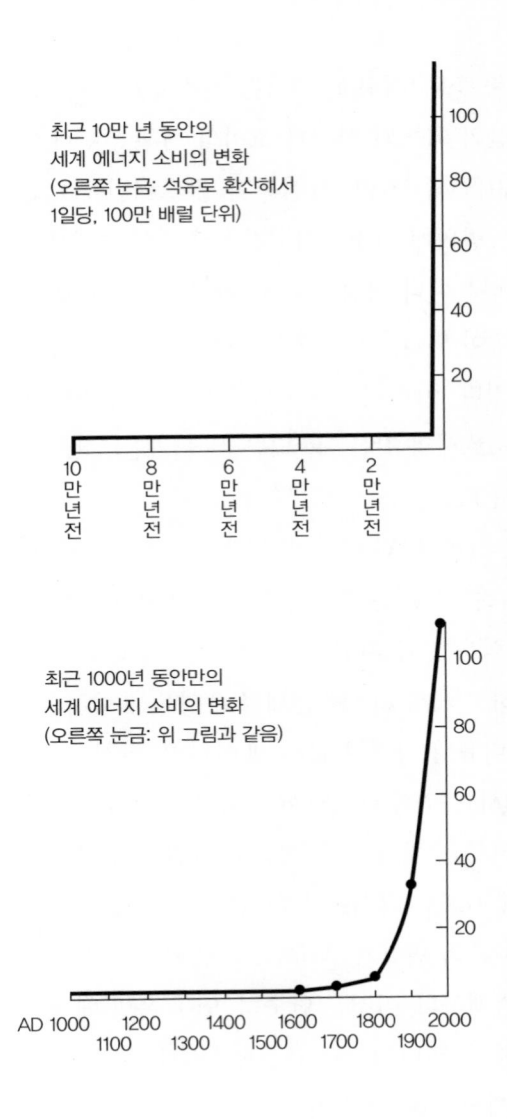

최근 10만 년 동안의
세계 에너지 소비의 변화
(오른쪽 눈금: 석유로 환산해서
1일당, 100만 배럴 단위)

100
80
60
40
20

10
만
년
전

8
만
년
전

6
만
년
전

4
만
년
전

2
만
년
전

최근 1000년 동안만의
세계 에너지 소비의 변화
(오른쪽 눈금: 위 그림과 같음)

100
80
60
40
20

AD 1000 1200   1400   1600   1800   2000
      1100   1300   1500   1700   1900

그림 2.3
세계 에너지 소비의 변화(환경청 『지구 환경 키워드 사전』 1990년 등으로부터)

의 전환점에 서 있다.

처음에 살펴보았듯이, 현대의 정보화/소비화 사회는 자본제 시스템의 "자기 준거화"의 형식으로서 성립했다. 고전적인 자본제 시스템의 "불가피한 모순"이었던 공황을 회피하고 극복하기 위해 시스템은 스스로 시장을 만들어낸다. 인간들의 "필요"에 제한당하지 않는 무한정 소비로 향하는 욕망을, 정보를 통해서 스스로 재생산한다. 시스템은 이리하여 시장을 내부의 것으로 삼는다. 인간들의 욕망을 내부의 것으로 삼는다.

그렇지만 이처럼 무한화된 소비와 생산의 시스템 자체가 자신을 새로운 임계 앞에 세운다. "고전적"인 자본제 시스템에게 **시장**이, 뜻대로 되지 않는 타자, **외부적인 제약 조건**이었던 것과 마찬가지로, 이 제약을 돌파하는 형식으로서의 "현대적"인 자본제 시스템에게 자원과 환경은 역시 외부적인 제약이다. 더구나 그, 이론적으로는 당초부터 일반적으로 존재하고 있던 한계는, 욕망 시스템이 내부화한다는 바로 이 "자기 준거화"의 기제의 핵심을 통해서 **새롭게 현실적으로** 절박한 외부로서 나타난다.

제3부

남의 빈곤/북의 빈곤

현대 사회의 "임계 문제" Ⅱ

한계의 전이. 원격화/불가시화의 기제

현대의 정보화/소비화 사회의 자립하는 시스템에게 자원/환경 문제가 이 시스템의 자립의 새로운 한계로서 나타나는 걸 살펴봤다. 이론적으로 일반화된 형식에서는 그대로이고, 현실에도 20세기의 말기에는 이 점은 절박한 위기로서 현재화하지만, 자원/환경 문제의 실제 역사 속에서의 존립 방식은 대량 소비 사회에게 "외부 사회"에 쿠션을 두는 간접화된 모습을 띠어왔다.

"대량 생산→대량 소비"라는 현대 사회의 도식이, 하나의 〈무한 환상〉인 점, 실체는 그것은 "대량 채취→대량 생산→대량 소비→대량 폐기"라는, 자원적/환경적으로 양끝이 한정된 시스템인 점을 살펴보더라도 역사적인 대량 소비 사회는 이 양끝 항을 그 "외부"의 여러 사회, 여러 지역으로 전가하는 것을 통해서 존립해왔다. 대량 소비 사회 내부 사람들의 일상 의식과 이것에 의거하는 언설의 〈무한 환상〉을 뒷받침해온 건 시점과 말단의 진실을 보이지 않는 세계 쪽으로 방출해가는, 이 간접화의 구조였다.

『서기 2000년의 지구』보고가 광물 수급 예측의 기초로서 기재하고 있는 자료에 따르면, 주요한 대량 소비 사회인 1976년도의 "수입 의존도"는 표 3.1과 같다. 자원에 혜택받은 아메리카에서 몇몇 광물자원을 자급하고 있는 이외에는, 이들 주요한 광산품의 대부분 모두는 이 지역 외부에 의존해 있다.

표 3.1 대량 소비 사회의, 광물 자원의 외부 의존도(1976년)

(단위: %)

	미국	EEC	일본
보크사이트	88	50	100
크롬	90	95	95
구리	16	99	93
철광석	35	85	99
납	12	85	78
망간	100	99	90
니켈	61	90	95
주석	75	90	90
아연	60	74	63

The Global 2000 Report to the President, 1980, 逸見謙三, 立花一雄 監訳, 『2000년의 지구西暦二〇〇〇年の地球』家の光協会, 1980, 제1권, p.293

앞서 언급한 1992년 람팔의 보고의 표현에서는 "세계 인구의 25%가 상업 에너지의 80%를 소비하고 있다." 석유를 필두로 한 석탄, 수력, 원자력, 지구 발열 등을 포함한 상업 에너지 전체의 소비량은 기가줄gigajoule이라는 단위로 측정되는데, "세계의 1인당 연간 평균 소비량은 56기가줄이다. 그러나 이런 세계 평균은 커다란 차이를 은폐해 버리는 결과가 된다. 예를 들어 아메리카의 1인당 평균 소비량은 280기가줄, 홀랜드 213, 구소련 194, 영국 150, 프랑스 109, 브라질 22, 중국 22, 인도 8, 나이지리아 5, 그리고 탄자니아, 에티오피아, 말리가 1기가줄이다." "OECD의 계산에 따르면, 풍요한 나라의 평균적인 인간은 이제 연율로, 최빈국의 평균적인 인간의 20배의 천연자원을 소비하고 있다.……OECD 나라들의 에너지 소비는 제3세계의 평균의 12배다."

『지구 백서』 1995/96년판에 따르면, 세계 인구의 20% 정도의 대량 소비 사회가 80%의 철강, 86%의 알루미늄, 81%의 종이, 76%의 목재를 소비하고 있다. 이 구조를 뒷받침하고 있는 건, 이 백서가 지적하듯이 식민지 시대 이래의 정치적, 법적, 경제적인 틀의 잔존 혹은 현대적인 수법에 의한 재생산이다. "국제 무역의 룰이나 선진 공업국들의 정책도 또한 식민지 시대에 기원을 갖는 머티리얼의 소비 패턴을 강요하는 경향이 있다. 당시 제국주의 나라들은 자국의 제조업에 필요한 원료자원에 대한 억세스를 빠짐없이 확보했다. 과거 식민지 열강의 개발 원조 정책은, 1차 산품의 생산과 수출에 힘을 기울이는 경향이 있었다. 이 나라들은 곧잘 예전의 피지배국으로부터, 아직도 1차 산품을 대량으로 수입하고 있다. 세계은행과 국제통화기금IMF의 계획 책정자는 무조건 1차 산품을 수출하는 개발도상국들—그 대다수가 막대한 부채를 지고 있다—에 대해서 외화 획득을 위해 1차 산품 산업에 대한 중점 투자를 어드바이스하고 있다. 이와 같은 정책은, 가동된 중간재나 제품보다도 1차 산품에 대한 관세를 낮추는 정책과 어울려서 회수 머티리얼에 비교해서 1차 산품의 가격을 낮게 억제하는 경향을 갖고 있다." 이와 같은 프레임워크가 "버진[천연] 자원의 가격을 억누를 뿐만 아니라, 더욱이 나쁘게도 채굴·가공의 환경 코스트를 보상하지 않는다. 환경 코스트가 급상승하고 있음에도 불구하고 세계의 머티리얼 가격은 계속 저하하고 있다. 이 경향이, 소비의 견실한 성장을 가능케 했던 것이다."

자원이라는 명쾌한 측면에서 앞서 살펴보았지만, 환경이라는 측면에서도 마찬가지다. 자원의 채굴이나 채벌 자체에 수반하는 주변 환경의 오염, 악화는 물론 당초부터 있었다. 그렇지만 70년대 이래로, 특히 80년대 이래의 대량 소비 사회의 고도화는 새롭게 두 가지 모습으로, 외부 여러 사회, 여러 지역에 대한 오염의 이전을 심각화했다.

첫째로는, 생산과 소비의 대량화 그 자체에 의해서 "무한"
하다고 생각되어온 해양이나 대기 속으로의, 폐기물의 농도
가 위험한 수치역에까지 도달해버리는 것 및 미량이어도
글로벌하게 위험한 귀결을 초래하는 듯한 새로운 물질의
합성(새로운 생명 형태일 수도 있을 것이다)을 통해서 대량 소
비 사회 외부의 여러 지역도 "동반 자살적"으로 끌어넣는 전
반적인 오염의 형태. 북반구 소비 사회의 프레온 생성이 남
반구의 피부암을 증대시키는 것, 석탄가스나 메탄이나 프
레온에 의한 온난화가 몰디브나 방글라데시나 이집트의 침
수 · 홍수를 불어일으키는 것 등이 현저한 예다.

둘째의 한층 노골적인 형태는 대량 소비 사회 자체 내
부의 환경 · 공해 의식과 운동의 고양과 이것을 배경으로
한 규제의 강화를 피해서 폐기물의 처리 혹은 오염을 발
생하는 공정이나 산업 자체를 외부로 이전하는 것이다.
"NIMBY(Not in my backyard) 증후군"으로, 람팔이 부르고
있는 것이다. "1989년의, 유해 폐기물의 국경 간 이동의 관
리와 그 처리에 관한 바젤 조약은 유해 산업 폐기물을 도상
국에 내버리려 하는 비밀 교섭이 발단이 되어서 실현되었
던 것인데, 이 문제를 세계적인 것으로서 취급하는 프로세
스의 시작이 되었다.……폐기물 문제의 크기는 숫자로 나
오고 있다. 1990년에 OECD 나라들이 "관리해야 할" 고형

폐기물은 90억 톤이었다. 이 가운데 4억2천만 톤은 도시 폐기물, 15억 톤은 산업 폐기물(3억 톤 이상의 유해 폐기물을 포함한다), 나머지 70억 톤은 에너지 생산, 농업, 광업, 해체, 준설 등의 폐기물 및 하수 오염 진흙이다. 여기에는 수중이나 대기 중에 방출된 비고형 폐기물은 포함되지 않는다." 대량 소비 사회의 역내에서 생성된 폐기물의 처리 문제뿐만 아니라, "풍요로운 나라들의 소비 수요를 채우기 위한 산업 활동의 일부는 제3세계에서 이루어지고 있다. 이른바 역외에서 활동하는 다국적기업에 의해서 이루어지고 있다. 이 결과, 서아프리카 대서양의 근해는 주로 OECD 나라들에서 사용되는 알루미늄, 철강, 기타 금속의 생산으로부터 생기는 납, 카드뮴, 크롬, 시안화합물, 불소화물 등의 갖가지 오염 물질이 모여 있다.

1980년대의 대표적인 환경 재해는 2000명 이상의 사망자와 수만 명 이상의 중독자(다수의 실명자 등등)을 낳은, 인도 보팔의 뉴온 카바이드(인도 UCC) 농약 생산 공장의 사고였다. 같은 회사는 원래 아메리카의 웨스트버지니아에서 70년대에 조업하고 있었다. 주변 주민의 호흡기암이 전국 평균보다 27% 높고, 같은 공장이 배출한 이소티안산메틸과의 관련을 지적받아서 폐쇄하고서 인도로 이전했던 것이었다. 사고 당시, 공장 노동자 자체에는 사망자가 없었다. 바람에 곧바로 도망치도록 하는 어떤 안전 관리가 철저했기 때문이다. 이것은 불행 중 다행이었다. 그렇지만 이 점은 동시에 ①기업 쪽은 위험을 충분히 알고 있던 점, ②이 위험도, 대책도 주민에게는 비밀로 했다는 점을 보여준다. 예를 들어 뉴온 카바이드사는 아메리카의 공장에는 컴퓨터로 제어하는 안전 관리 장치를 배치하고 있지만, 인도의 공장에는 이와 같은 설비를 설치하지 않고, 인도 주 정부의 기술전문가도, 종업원도 그 위험성에 대해서 상세한 내용을 알지 못했다. 등.

그 뒤의 보상 문제를 포함해서 이 사고는 많은 점에서 이 시기 대량 소비 사회의 환경·공해 문제의 "역외 이전" 구조를 전형적으로 집약하고 있다.

이와 같은 환경·공해 문제의 전이를 초래하는 메커니즘으로서, 환경사회학자가 말하는 "더블 스탠다드" 혹은 기준의 낙차라는 문제가 있다. 히라오카 요시카즈平岡義和가 현지 조사를 한 필리핀 레이테 공업단지의 "파살"(Philippine Associated Smelting and Refining Corp, 필리핀 합동 동 정련소, 1983~) 공장 배수에 의한 하천·해양 오염/농업·어패류 피해에 관해서 23% 출자자인 일본 상사의 담당자들이 수출했던 플랜트는 "필리핀의 환경 기준을 만족시키고 있는" 것을 역설하고 있는 걸 히라오카는 보고하고 있다. "그러나 이 플랜트에는 배연 탈류 장치가 부착되지 않아서 일본의 환경 기준에는 적합하지 않다." "일본 기업이 아시아

지역에 진출하는 경우에도, 일본에 비해서 느슨한 현지 기준에 맞춰서 조업하는 일이 많다(日本在外企業協会『ASEAN 주재 일본 기업(제조업)의 환경 대책에 관한 조사 보고서在ASEAN日本企業(製造業)の環境対策に関する調査報告書』, 1990년). 이처럼 환경 기준의 격차, 즉 더블 스탠다드를 이용한 기업 행동이, 결과적으로 공해 수출을 불러일으키고 있다."(飯島伸子 編『환경사회학環境社会学』)

마찬가지 메커니즘을, 미야모토 켄이치宮本憲一도 경제학의 관점에서 지적하고 있다. "환경 정책에 대한 국제 협정이 없다면 공해 규제가 없는, 혹은 규제 기준이 약한 발전도상국으로 향해서 선진국 기업이 입지를 한다. 본국에서 개발한 최고 공해 방지 기술의 노하우를 가지고서 입지하는 게 아니라, 규제 루스한 현지 상황에 맞춰서 건설하는 예가 많다. 곧 선진국의 기업은 공해 방지비 몫의 생산비를 줄이는 것이어서 '공해 수출'로 비판받을 수밖에 없다."(『環境経済学』)

히라오카平岡는 더욱이 이와 같은 메커니즘을 통한 "역외 이전"이, 예를 들어 [일본계 기업←NIES 기업←ASEAN 기업]이라는 다층화된 관계 등을 통해서 몇 겹이나 간접화되고 분리되고 대량 소비 사회 내부에게는 불가시화되어가는 운동을 해명하고 있다.(飯島 編, 앞의 책)

『침묵의 봄』과 미나마타의 공해 이래로 그랬듯이, 농업은 늘, 환경이라는 문제의 현대 사회론적인 구조의 허리에 위치해 있고, 또한 그 귀결을, 직접적으로 신체적인 잔혹함을 가지고서 드러내버리는 상품의 부문일지라도, 공해 이전의 메커니즘으로서의 "더블 스탠다드"의 구조에 대해서도 마찬가지다.

이시 히로유키石弘之(『지구 환경 보고』)가 상세하게 서술하고 있듯이, 예를 들어 76년에 아메리카로부터 수출된 24만 7,500톤의 농약 가운데, 약 30%는 국내에서는 사용 금지된 것이다. "미국에서는 농약에 관해서는, '수출에 한한다'라는 한정을 붙이면 어떠한 농약의 생산이나 수출도 사실상 자유다." 일본도 마찬가지다. HCH라는 농약의 사용을 금지시켰을 때도 "국내에 남아 있던 게 태국이나 말레이시아에 당당하게 매도되었다." 등등. 농약 취체법 제16조에는 "농약을 수출하기 위해 제조, 판매하는 경우에는 이 법률이 적용되지 않는다"라는 한 가지 조항이 존재해 있다.(같은 책)

"가난한 나라들의 사람들을 기아에서 구하기 위해서는 식료 증산 쪽이 농약의 위험 이상으로 절실한 것이다"라는 점이, 수출 메이커의 유일한 명목이지만, 위야와 샤비로는 "발전도상국에서 사용된 농약의 59-70%가 현지민의 식료 생산이 아니라 커피, 바나나 등의 수출용 작물로 향해 있다"고 지적하고 있다. 아메리카 회계검사원의 보고에서도 "발전도상국이 미국으로 수출하고 있는 커피, 토마토, 설탕

등의 주요한 10품목에 사용되고 있는 농약의 59%까지가 미국 내에서는 위법으로 여겨지고 있는 것이었다"(石, 같은 책). 아메리카와는 거꾸로, 식료의 국외 의존이라는 정책을 추진하고 있는 일본에서 그와 같은 지적이 없는 건 그게 존재하지 않기 때문이 아니라, 일본의 관청 시스템이 현재는, 아메리카의 시스템만큼이나 솔직하지 않기 때문이다. 농업의 "부메랑 현상"으로서 이시가 서술하듯이, 원격화와 불가시화라는 자기 기만 장치를 통해서 풍요로운 소비 사회는 결국, 법적으로 금지된 농약이 적지 않은 비율을, 자신의 신체에 회수하고 있다.

자원이라는 명쾌한 측면에서 한층 명백하듯이, 오늘날 아메리카나 일본의 중류 계급의 "보통의 것"으로서 향유하고 있는 정도의 소비 수준을 전 세계 사람들이 요구한다면 몇 가지 중요한 자원은 몇 년 안에, 다른 기초적인 자원 다수도 1∼2세대 안에 고갈된다. (그것은 우리의 "과거의 노력"의 성과라는 정당화가 가령 성립한다고 해도, 그렇다면 우리도 똑같은 노력을 개시한다고 선언한다면 자원적으로나 환경적으로나 공멸할 수밖에는 없다.) 우리는 이미 1세대 이상도 이전부터, 이 불평등에 강압적인 태도로 나온다든지, 물적인 수준을 인하하든지라는, 곤란한 선택을 할 수밖에 없는 지점에까지 올라버렸다.

그것은 물론, 저 무한정하게 자기 증식하는 힘을 획득한

생산/소비 시스템의 귀결이어도 직접적으로 그것은 생산/
소비의 기점과 말단에서의 임계를, "외부의" 여러 사회, 여
러 지역으로 전화하는 것을 통해서 원방화遠方化하는, 역망
원경적인 장치의 굴절하는 광학을 통해서 세계를 보아왔기
때문이다.

"풍요로운 사회"가 만들어내는 기아

대량 소비 사회 시스템의 환경/소비적인 한계의 〈외부 이전〉 공간으로서의 "남南"의 문제를 필두로 살펴보더라도 "남북 문제" 일반은, 물론 이 문제로 다 되는 것은 아니다. 현대 사회의 구조로서의 "남북 문제"를, 그 자체의 주제로서 다루어보자.

"남북 문제"라는 표현 방식은 물론 부정확하다. 뉴질랜드는 일찍부터 남쪽의 풍요로운 소비 사회이거니와, 북쪽의 가난한 나라들도 있다.

"제3세계"라는 호칭이 널리 사용되지만, "동서 2대 진영"이라는 세계의 틀을 전제로 했던 것이기 때문에 1990년대 이래로는 명칭의 근거를 잃었다.

"저개발국", "발전도상국"이라는 표현 방식도 사용되지만 "개발", "발전"이 "필연"이고, 암묵적으로는 "바람직한" 것이라는 인식 전제와 가치 전제에 서 있어서 논점 선취적이다. 발전은 개발보다는, 일본어에서는 조금 자유로운 메시지를 갖지만, ("비개발적인 발전"이라는 것도, 일본어에서는 상정할 수 있다) 영어에서는 똑같은 것이고, 실제로 국제적으로는 "발전도상국developing countries"이라는 말은 개발주의의 아 프리오리한 논점 선취의 주박呪縛 안에 있다. "반反발전론"의 입장에 서지 않고서 이들 여러 지역의 광의의 "발전"은 불가피한 것이고, 바람직한 발전의 형태라는 걸 상상할 수 있다고 생각되어 있는 경우에도(저자는 이 입장에 서 있다), 이론으로서 철저한 고찰은 적어도 논리적인 출발점에서 "발전"(더구나 "개발")이 바람직하지 않은 것일 가능성, (그리고/혹은) 필연적이지는 않은 것일 가능성을 배제해서는 안 된다. "발전"의 진짜 바람직한 존재 방식을 구상하기 위한 방법으로서도 이 컨셉 자체의 상대화는 필요하다.

"종속국", "주변부", "신식민지"라는 호칭도 있지만 이것들도 각각 특정한 이론 전제에 서 있다.

결국 "남북 문제"("남")라는 단순한 표현 방식이 ①이데올로기적인 전제로부터 자유로운 유일한 호칭인 점, 그리고 부차적 · 소극적으로는 ②그 한계(오세아니아 나라 등)가 명백하고, ③그 비유성, 잠정성도 도리어 명백한 것이기 때문에 소극적으로, 동시에 한계와 비유성, 잠정성의 의식을 갖고서 (따라서 번거롭지 않은 한 " "[따옴표] 안에 넣어서 이걸 채용하려 생각한다.

"남북 문제"를, 최초로 단순한 "격차"라는 표면에서부터 확인해보자.

1988년의 토론토 서미트(선진국 수뇌 회의) 최종일 코뮤니케는 "번영의 80년대"을 뒤돌아보며 "전후의 역사에서 가장 오랜 경제 발전의 기간"으로 기록했다. 한스 싱거가 이 서미트의 성명과 전후해서 발표된 UN 세계 식료 회의 이사회의 보고서와의 대비를 수행하고서 이 10년 전보다도 영양실조 아이의 인구가 증대하고, 매일 평균 4만 명의 아이들이 영양 불량이나 병에 걸려도 치료를 받지 못하고 사망하고 있는 사실에 빛을 비추고 있다.(5세 이하 아이들만의 집계다.)(람팔, 앞의 책.『런던 타임스』기사)

92년의 람팔의 보고에서는 "세계에서 충분하게 식료를 손에 넣을 수 없는 사람의 숫자는 1970년대에는 6억5000만 명에서부터 7억3000만 명으로 증가했다고 추정되어 있었지만, 80년대에는 더욱 증가했다고 생각된다.……42개의 저소득 발전도상국 가운데 17개 나라에서는 1인당 1일의 칼로리 공급은 1986년에는 65년보다도 낮아졌다. 약 50개의 발전도상국에서는 1인당 주식 소비량이 80년대가 되어서 저하하고 있다."

UN 통계에서는, "1960년에는 세계 상위 20%의 부유층은 하위 20%의 빈곤층의 30배의 소득을 얻고 있지만, 91년에는 61배가 되었다." "소득"에 의한 "빈부"의 척도화에는,

후술하듯이 이론적인 문제가 있지만 이 30년 동안에 격차가 확대하고 있는 건 명백하다. 1995/96년판『지구 백서』는 현재 역시 세계 어린이의 3명에 1명이 영양 부족으로 고생하고 있는 걸 기록하고 있다.

프란시스 랏프의 시산試算에서는 "가령 곡물이 육식용 가축의 사료가 되는 게 아니라, 또한 그런 곡물의 배분이 평등하게 이루어진다면 세계에는 1일 1인당 약 5000칼로리에 달하는 충분한 식료가 있게 된다."(험프리/버틀『환경·에너지·사회』)

랏프의 시산은 1970년대의 수급에 기반해 있지만, 1995년까지의 인구 증대를 고려해도(식료 생산의 증가는 고려하지 않고서) 역시 이 숫자는 3300칼로리 정도다. 곧 "세상의 절반의 기근"은 분배의 불평등 문제다.

굶주린 아프리카의 참상은 오늘날 거의 항상적으로 선진국 미디어의 영상에도 등장해서 동정을 자아내고 있지만 이 굶주린 아프리카는 "풍요 사회"로의, 거대한 식료 수출국이다. "1981년의 아프리카 수출액은 석유를 포함해 750억 달러였는데, 그 가운데 100억 달러가 식료 수출에 의한 수입이다." 그것은 아프리카의 전 경지의 절반 이상이, "자신들을 위한 식료를 재배하고 있는 게 아니라, 수출을 위한 열대 식료나 농산물 원료를 재배하고 있기 때문이다. 세네갈

등에서도 경지의 2/3는 자국에서는 그다지 소비되지 않는 땅콩이고, 이게 관개가 유리한 세네갈강 유역을 뒤덮고 있다. 그 결과, 생존 식료—카사바 토란, 얌 토란, 기장(조의 일종), 밭벼 등—는 관계 장치가 적은 한계적 지역에서 조금씩 생산되고 있다."(西川潤『기근의 구조飢えの構造』)

이 세네갈에서는 70년대 전반의 인구 증가율 2.7%에 대하여, 식료 수요의 신장은 연율 1.2%였다(수전 조지『왜 세상의 절반은 굶주리는가』). 1인당 식료 수요는 감소하고 있다. 이것은 세네갈 사람들이 포식해서 다이어트를 시작했기 때문이 아니라, 식료를 구매할 힘이 저하했기 때문이다. 식료 "수요"는 말할 것도 없이, 신체의 자연스런 필요에 의해서가 아니라, 구매력에 의해서 측정되기 때문이다. 정보 소비 사회가 그 번영의 메커니즘으로서 찾아내고 있는, 〈필요로부터 이륙한 소비의 욕망〉이라는 점의, 사람들에게서의 현실적인 의미의 기저를, 우리는 거기서 찾아낼 수 있다. 현대 사회의 이론은 이륙된 쪽으로서의 〈필요〉의 지평이 어떻게 되어 있는지를 시야에 집어넣지 않으면 안 된다. 세네갈의 1인당 식료의 소비 수요는 필요가 채워졌기 때문에 저하했던 게 아니라, 굶주린 채로 감소하고 있다.

선진국으로부터 자금 원조는 확실히 이루어지고 있다. 국제금융공사IFC는 세계은행 그룹의 제3 기관인데, 1974년에는 어글리 비즈니스에 3건의 융자를 하고, 그 1건이 세네갈에 대한 융자였다. 이 융자는 배드[나쁜] 세네갈사에 대한 융자인데, 이 회사의 목적은 겨울 시장의 햇것이 나올 철에 유럽에 야채를 수출함으로써 "이 사업에는 아메리카의 대大어글리 비즈니스인 배드 안드르사(유럽의 자회사를 통해서)를 필두로, 홀랜드의 저명한 농업 기술 회사 등이 협력 융자하고 있다(조지, 앞의 책). 같은 무렵에, 세네갈의 야채 수출선인 유럽에서는 "1974년에 EC 나라들이 가치 하락을 막기 위해, 2억2500만 프랑(5300만 달러)을 들여서 야채나 과일을 폐기 처분하고 있다.(같은 책.『르 몽드』기사)

1972년의 식료 위기는 "풍요 사회" 사람들에게도 세계적인 식량 문제를 인상지운 최초의 위기였다고 말해진다. "이해는 밀의 비축량이 기록적으로 감소하고, 쌀의 비축은 문자 그대로 사라졌다. 소련이 곡물을 대량으로 매입한 것, 페루의 앤쵸비가 일부에서 잡히지 않은 것이 사태를 더욱 심각하게 만들고, 이게 아메리카산 콩 등의 단백질의 수요를 증대시켰다."(같은 책) 세계 식료 회의에서는 "UN 식료 농업 기관FAO 사무국장이 인도, 방글라데시, 파키스탄, 탄자니아 및 사하라 나라들의 '최악의 사태'를 회피하기 위해 800만~1200만 톤의 밀을 요청했다." 원인으로서의 "대흉작"이 선전되었지만, 실제로는 "72년의 수확은 그때까지의 최대 기록이었던 71년보다 겨우 1% 감소했을 뿐이었다." 수전 조지는 이렇게 적고 있다. "그 한편에서 세계의 4대 곡물 생산국이 60년대의 '과잉 생산' 위기에 대처하기 위해 1968~70년의 기간에, 경작지의 1/3을 휴경했던 것에 대해서는 거의 누구도 말하지 않았다. 가령 이들 각국이 예년대로 작부하고 있다면 1969~72년의 밀 생산고는 9000만 톤은 증가할 것이다.……이것은 도덕적으로 보자면 공포스러운 사태이지만, 경제적으로 말하자면 선진국의 식료 생산은 인간의 필요에 따르려는 게 아니라, 시장의 수요에 움직이고 있다는 걸 보여주고 있을 뿐이다. 가령 많게 보더라도 1200만 톤의 곡물로, 기근의 해에 최대의 타격을 받은 나라들의 필요량을 대부분 조달하려 한다면 가장 손쉬운 기근에 고통받는 희생자의 삶과 죽음은 세계의 총수확량의 겨우 1%도 되지 않는 곡물에 좌우된다는 셈이다. 이 점은 기아가 인간이 감당할 수 없는 차원의 문제가 아니라, 세계 경제 체제의 문제인 걸 이야기하고 있다."(같은 책)

"풍요 사회"의 계속 고도화하는 소비 수준이 "세상의 절반"의 기아를 만들어내는 메커니즘 속에서 가장 직접적으로 보기 쉬운 건, 앞에서 보았듯이 필수 식료품인 곡물의 가축 사료화, 기호품의 소재화와 함께 기본 식료의 생산에 할당되어 있던 토지의 수확(수출 상품으로의 작물 전환)이다. 수전 조지의 『왜 세상의 절반이 굶주리나』가 개괄적으로 기록하고 있는 바를, 조금 길게 인용해보자.

"저개발국에서는 보다 많은 토지가 사치스러운 식품을

더 많이 생산하기 위해 사용되고, 더구나 그걸 입에 넣을 수 있는 사람의 숫자는 전체 비율로 보자면 보다 줄어들고 있다. 아프리카는 이제야 종래의 유럽을 향한 야자유, 땅콩, 코프라유뿐만 아니라, 과일, 야채, 그것에 소고기까지도 수출하고 있다. 더구나 그 소고기의 대부분을 수출하고 있는 건 무엇보다도 사하라 지방의 나라들인 것이다. 멕시코나 남아메리카 나라들은 아메리카에 대한 딸기, 아스파라거스라는 사치스러운 식품의 공급지이고, 남아시아 나라들은 일본의 풍요로운 시장의 보살핌을 받고 있다. 저개발국에서 만들어진 곡물은 즉각 사료 공장으로 보내고, 거기서부터 또한 가축을 기르기 위한 축산지로 보내지만, 그 가축의 고기는 저개발국의 소비자 손에는 아무것도 들어가지 않는다. 예를 들어 코스타리카에서는 이 몇 해 동안 북아메리카 나라들로의 소고기 수출이 92% 증가했지만, 국내에서의 고기 소비량은 26%나 감소해버렸다.……알제리에서는 근년에 콩 재배가 시작되었기 때문에 그때까지 식료 생산에 할당되어 있던 토지가 감소하고, 식료 가격이 상승해서 국내의 생활 수준은 저하했다. 이 전형적인 패턴은 도미니카에도 고스란히 들어맞는다. 도미니카에서는 아메리카의 콩글로머레이트 걸프 앤드 웨스턴사가 27만 5,000에이커의 토지(설탕 농원과 목장)와 세계 최대의 제당 공장을 갖고 있다. 또한 과거 20년 동안에, 사탕수수 재배에 할당된 토지는

2배가 되고, 전 경지의 25%를 차지하기에 이르렀다. 그러나 그 한편에서 1인당 식료 생산은 감소하고, 식료 가격은 20년 전의 2배로 올라서 1일의 식사가 1번이라는 가정이 증가하고 있다. 1969년에 컬럼비아대학의 의사가 도미니카인 500명을 샘플 조사했던 바, 그 절반 이상은 무기력 증상을 드러내고, 태어나서 쭉 만성의 영양실조 상태였다고 한다. 그럼에도 불구하고 도미니카는 설탕(이게 전 수출의 절반 이상을 차지한다)뿐만 아니라 토마토, 오이, 양파, 후추, 아보카도, 식물유, 그것에 소고기도 수출하고 있는 것이다."

도미니카에 진출해서 이 나라 전 경지의 적어도 8%를 직접 지배했던 걸프 앤드 웨스턴사는 현지 농민과 계약을 맺고 있는데, "이 계약에 의해서 농민은 그 토지 전부에 사탕수수를 작부하는 것을 의무지우고, 그 결과 식료 생산에 할당하는 토지는 모두 없어진다." 굶주린 농민이 이 계약에 반해서 토지의 일부에 자신들의 식료가 되는 것을 작부했을 때는 군대가 동원되어서 "작물은 뿌리 채 뽑아내버렸다."(같은 책)

"개발"이라는 명칭 아래서 이와 같은 모든 일이 이루어지고 있다.

1973년의 에디오피아 기근에서는, 반半유목 부족인 아팔족의 1/3이 죽었다고 한다. 정부는 이것을, 가뭄과 가축이 풀을 먹어야 했다고 설명했다. "16세기 이래로, 아우슈 계곡의 아팔족은 1년 중 8개월을 차지하는 건기 동안, 아우슈강에 기름진 풍요로운 저지대에서 소를 방목하고 있었다. 하지만 뛰어난 목초지는 또한 어글리 비즈니스가 가장 욕심내던 토지이기도 하고 정부는 이걸 양도했던 것이다. 이리하여 수백 년에 걸쳐 이 광대한 목초지를 공유 재산으로 삼고 있던 부족의 관행은 장관의 말 한 마디에 의해서 소멸당하고, HVA사를 필두로 하는 기업은 수천 헥타르의 토지를 손에 넣을 수 있었다. 아팔족은 할 수 없이 새로운 목초지를 찾지 않으면 안 되었지만, 역시 강에서부터 떨어져 있어서 비를 기대할 수밖에 없는 지방 이외의 토지는 남아 있지 않았다." "아우슈 계곡의 식민지화는 이전부터 거기서 생활하고 있던 사람들과의 사이에 새로운 사태를 낳고, 그들은 갑자기 변덕스러운 날씨 아래 놓이게 되었다. 그 위에, 그다지 비옥하지도 않은 토지에 많은 사람이 모인 결과, 목초가 부족해서 먼저 가축이 굶주리고, 그게 인간의 영양실조로 이어지고 있었다."(같은 책)

가뭄 등등, 직접적으로는 "자연재해"의 희생이라고 오늘날 보도되고 있는 기아의 많은 부분은 본래의 풍요로운 토지를 수출용 상품 작물에 점거당하고, "생존 식료가 **한계지로 쫓겨나고 있는**" 것의 귀결인 것을, 니시카와 준西川潤도 많은 사례로부터 지적하고 있다.(앞의 『기근의 구조』 외)

"인구 문제"의 구조

"남[쪽]의 빈곤"의 "원인"으로서 말해지고 있는 건 "인구의 과잉"이라는 것이다. 멋대로 아이를 많이 만들기 때문에 1인당 가난해진다는 논의는 알기 쉽거니와, 그 "올바름"은 언뜻 보기에 의심스럽지도 않은 것으로 보인다. 그것은 곧 잘 "가난한 나라들"의 빈곤의 원인에 대해, "풍요로운 나라들"의 사람들이 그것은 자업자득이라고 생각해서 양심을 안심시키는, 최대의 이유로조차 되어 있다.

로마 클럽의 『성장의 한계』는 "세계의 부를 보다 평등하게 분배하기 위한 최고 커다란 장애가 될 가능성이 있는 건 인구 성장이다"라고 해서 "기하급수적으로 성장"하는 인구라는 요인을 먼저 논하고 있다. 『서기 2000년의 지구』는 본론의 최초의 장을, "인구 예측"에 할당하고서 1975년에 41억이었던 세계 인구가 2000년에는 64억이 되고, "선진 지역"과 "개발도상 지역"의 인구비는 75년의 28 : 72로부터

2000년에는 21 : 79가 될 가능성이 높다고 추계하고 있다.

인구 문제가 우선 직접적으로는 가난한 나라들의 상황을 한층 곤란한 것으로 만들고 있는 건 확실해서 이 문제의 구조의 요점을 확보해보자.

아메리카 인구 협회의 조사에서는 "1972년 현재, 인구로 모든 저개발국의 74%를 차지하는 31개 나라가 공적인 산아 제한 정책을 실시하고 있었다." 그러나 이들 정책의 대부분이 실패로 귀결하고 있는 것처럼 보인다. 인도의 예를 들자면, "정부는 모든 일을 했다. 콘돔을 무료로 배포하고, 일하는 모친의 산휴에 제한을 가했다. '대량 단종 수술 캠프'도 만들었다. 법률상의 결혼 연령을 올리고, 농촌 지대 여성에게 피임약을 먹이기 위한 피임 장려 차를 수없이 보냈다. 넉넉히 10만 이상의 사람이 인구 억제를 확대하는 운동에 종사한 셈이다." "그러나 막대한 비용 지출이나 입안자와 정부 지도자의 선의에도 불구하고, 또한 사회적, 도덕적, 윤리적, 정치적 견지에서 보아도 믿음직스럽지 않은 수단에 호소함에도 불구하고 이 계획은 출산율을 저하시킨다는 점에서도 비참한 실패로 끝났다."(조지, 앞의 책)

다른 쪽에서 소수의 성공한 나라들도 있다. "발전도상국" 가운데, 1990년 무렵까지에 출생수가 인구 보충 수준을 밑도는 데 이르렀던 건 NIES(신흥 공업국·지역)로 불리는 홍콩, 싱가포르, 한국, 거기에 쿠바, 모리셔스, 푸에르토리코

등의 몇 나라다. 중국과 태국도, 여성 1인당 아이의 수는, 인구 일정 수준을 겨우 상회하는 2.2인에까지 내려가 있다.

가장 빠른 시기(1990년대)에 현저한 성공을 이루었던 한국과 타이완의 예를, 성공하지 못한 필리핀, 브라질, 멕시코와의 대비에서 수전 조지가 상세하게 검토하고 있다.(표 3.2)

거기에는 전반적인 생활 수준의 향상과 동시에, "효과적인 토지 개혁"을 포함한 분배의 평등화, 특히 극빈층의 향상과 관련되어 있는 게 보인다. "이것은 상대적인 풍요로운 단계에 달해서 비로소 인구 증가율이 하강하기 시작한 선진국 자신의 경험으로부터도 명백한 것인데, 그게 많은 사람에게 왜 눈부시게 비추어지는지가 불가사의하다"고 이 저자는 결론짓고 있다.

"인구 문제"가 빈곤의 원인인 이상으로 귀결인 점, 적어도 그게 악순환적으로 상호 증폭하는 연관의 하나의 고리로서, 그 자체인 사회적인 **구조**의 한 계기이고, 역사적으로 어떤 **과도적**인 것인 점을 이 비교 분석은 시사하고 있는 것처럼 생각되지만, 역시 구체적으로 그들은 왜 아이를 많이 만드는가 하는 점을, 인도의 현지에서 철저 조사를 한 만다니 보고(『이누 컨트롤의 신화』)와 그 이래의 인도와 아프리카 여러 나라의 조사에 따라서 검토해보자.

만다니의 조사에 따르면, 인도의 가난한 농민이나 실업

표 3.2 인구 조정에 성공/실패한 나라들의 비교

	멕시코	브라질	필리핀	한국	대만
출생률 (1000인당)	44 (1950) 44 (1960) 41 (1970)	41 (1950) 41 (1960) 38 (1970)	— 45 (1960) 44 (1970)	45 (1950) 42 (1960) 30 (1970)	41 (1947) 36 (1963) 26 (1970)
1인당 소득(달러) 1960: 1969:	441 606	268 348	169 208	138 242	176 334
실업자 및 불완전취업자의 비율	상당히 높고, 여전히 상승 중	— 1~12% (1970)	14.5% (1969) 15% (1968)	7.5% (1970)	10% (1963) 4% (1968)
상위 20% 층과 하위 20% 층이 받는 소득의 대비	10:1 (1950) 16:1 (1969)	22:1 (1960) 25:1 (1970)	12:1 (1956) 16:1 (1965)	— 5:1	15:1 (1953) 5:1 (1969)
과거 20년 동안의 극빈자층 20%의 소득 상승률	거의 제로	거의 제로	거의 제로	100% 이상	200%
수출(100만 달러) 1960: 1970:	831 1,402	1,269 2,310	560 961	5.2 835.2	164 1,428
효과적인 토지 개혁	없음	없음	없음	있음	있음
협동조합에 가입하고 있는 농가 비율(1960년대 말기)	5%	28%	17%	거의 100%	거의 100%
식자율	76%	67%	72%	71%	85%
출생 1000인당 유아 사망률	66	94	72	41	19

수전 조지 『왜 세상의 절반은 굶주리는가』 p.69로부터 작성

자, 반실업자가 많은 아이를 낳으려고 하는 최대의 이유는, 땅도 없고 재산도 없는 그들에게 현실 속에서 최량의—거의 유일한—"사회 보장"과 "노령 연금"은 자식을 갖는 것밖에 없다는 점이다.

1992년의 람팔 보고에서 보충하자면, 아이의 사망률이 높고, 여성에게 경제적인 권한도 기회도 거의 없는 인도의 하층 사회에서는 "부친이 65세가 되기까지 한 사람의 자식이라도 살아남을 확률을 95%로 만들기 위해서는 부부는 평균해서 6.3명의 아이를 갖지 않으면 안 된다고 계산된다."

그들이 중산 계급처럼 이런 계산을 하는 것은 아니지만, 동료나 친구의 생애를 봐서 "살아남은 사내 아이"가 없는 자의 노후나 일하지 못하게 될 때의 절망을, **생활의 지혜로**서 알아야 하는 것이다. (그게 실질인 만큼, 때로 계산 이상으로 과대조차 할 것이다.)

만다니의 조사로 되돌아가자면, "농민이 소유하는 땅이 적은만큼 아이의 노동력을 근린의 대농장이나 도시의 고용주에게 팔 필요가 있다. 경우에 따라서는 가장이 자신의 소농장에는 아이의 노동을 사용하고, 그 자신은 대토지 소유자의 곳에서 임노동을 한다." 또한 "가족에게 아이가 많은 만큼, 경제나 기타의 측면에서 원조를 해오는 친족의 네트워크가 넓어진다." 이에 더하여 만다니는, "빈곤이라는 소외 상황 속에서 아이는 생활에서의 의미와 기쁨의 주요한 원천이 되는" 걸 찾고 있다. 물질적으로나 정신적으로나 아이들은 이와 같은 사회의 사람들이 살아가는 데서 "유일한 남겨진 희망"이 되어 있다.

이에 더하여 도시에 거주하는 실업자, 반실업자에게는 이들 나라의 도시에서 우리가 이르는 곳에서 보듯이, 아이들은 아주 어려서부터 직접적으로 필요한 현금 수입의 담당자다(가사 사용인, 구두닦이, 차창닦기, 껌팔이, 신문팔이 등등).

람팔 보고는 아프리카에 대한 마찬가지의 실정을 보고하고 있다. "아프리카의 여성들은 곧잘 자산을 갖지 못하고, 땅을 상속받지 못해서 자식들에 의존할 수밖에 없다. 아이의 숫자는 적은 편보다 많은 편이 좋다고 한다." "아프리카 여성의 출산 횟수가 많은 원인은 다른 데도 있다. 그녀들은 먼저 모친이 됨으로써 그 지위를 확실한 것으로 만든다. 일부 다처 제도나 연배의 남성과 결혼하는 관습은 여성이 사회적, 경제적으로 자식에게 의존하는 것과 같은 상태를 조장한다."

이들의 실태에 밀착한 조사를 종합해서 떠올리는 건 다음과 같은 **구조적으로 과도적인 국면**이다. 곧 첫째로, 기본적인 배경으로서 공동체가 해체되거나 혹은 불안정한 것이 되고, 개개의 개인이나 핵 가족의 삶(생활과 인생)이, 이것을 물질적, 정신적으로 보장하고 있던 토지나 지연이나 혈연의 네트워크로부터 분리되고, "뿌리 없는" 것으로 여겨지고,

도시에 유입하든지 농촌부에 남은 채 있든 **불안정한 것으로** 여겨져 있다. 둘째로, 이 공동체에 의한 뒷받침을 대신해야 할, 새로운 시민 사회적인 시스템이 아직 실현되지 않은 점. 곧 ①근대의 국가적, 혹은 시민 사회적인 사회 보장 시스템이 존재하지 않든지, 아직 현저하게 불비인 점, ②경제적인 기회와 분배의 평등화가 달성되지 않고, ③특히 젠더의 평등화가 달성되지 않아서 여성의 법적, 경제적, 사회적, 문화적인 지위와 권리와 기회와 능력이 획득되지 않는 점, 이다.

"남의 인구 문제"는 추상적인 "궁극의 원인"도 아니고, 주관적인 무지나 "마음의 준비" 문제도 아니고, 단순한 빈곤의 문제도 아니고, 이처럼 구조적으로 과도적인 국면의 한계기다.

빈곤이라는 컨셉, 이중의 박탈

빈곤한 층의 정의로서 세계은행 등에서 통상적으로 사용하는 건 1일당 생산비가 1달러라는 수준이다. 1990년에는 이 빈곤 라인 이하로 12억 명이 존재하고 있었다고 한다. 세계은행은 이밖에, 극빈층으로서 연간 소득 275달러(1일당 75센트) 이하로 하는 카테고리를 만들었다. 이 카테고리에 포함되는 사람들은 1990년에 6억 3천만 명이고, 발전도상국 인구의 18%로 오른 것으로 여겨진다.

빈곤의 이와 같은 컨셉은 올바를까? 정확히 말하자면, 현실의 구조를 적확하게 인식하는 용구로서, 적절한 정의 방식이라고 말할 수 있을까?

똑같은 자료는 많은데, 이따금 최근 눈에 띄는 사례의 하나를 들어보자. 중국 남부의 소수 부족 야오瑤족의 지족[族支], 파마요巴馬瑤족 사람들이 사는 마을들은 백 살을 넘고도 원기 있는 사람들이 많은 지역으로 알려졌는데, 조사 대상이 되었던 105세의 남성은 오래 사는 원인은 "고민하지 않는 것"일 것이라고 말하고 있다. 현의 "노령 위원회"는 장수의 원인을 "①온난한 기후와 오염되지 않은 공기, ②음식물이 자연의 것으로, 저지방, 고영양가인 점, ③오랫동안의 밭 일로 몸이 단련되고 음주, 끽연율이 적은" 것을 들고 있다(『아사히신문』 1995년 9월 4일자 기사). "고영양가"라는 음식물은 "옥수수 가루와 쌀의 죽, 야초나 고구마, 호박의 줄기, 콩 등의 수프나 부친 것. 고기는 3일에 1번 정도"라는 것이다. 장수가 행복으로는 한정되지 않지만, 90세 정도까지는 원기가 넘쳐서 "고민하지 않는다"는 건 좋은 인생일 것이라고 상상하는 편이 솔직할 것이다. 이 파마요족 지역의 1인당 평균 연수입은 4800엔(1995년)으로, 1일당 0.13달러 정도다.

아메리카 원주민의 몇몇 사회 가운데에도 각각 다른 형태의, 조용하고 아름답고, 풍요로운 나날들이 있었다. 그들이 머물고, 혹은 자유롭게 이동하고 있던 자연의 공간으로부터 떼어내고서 공동체를 해체시켰을 때 그들은 새롭게 불행해지고 빈곤해졌다. 경제학이 측정하는 "소득"의 양은 이때 이전보다도 **많아졌을** 것이다. 빈곤은 금전을 갖지 않은 데 있는 게 아니다. 금전을 **필요로 하는 생활**의 양식 속에서 금전을 갖지 못하는 데 있다. 화폐로부터의 소외 이전에,

화폐로의 소외가 있다. 이 이중의 소외가 빈곤의 개념이다.

화폐를 매개로 해서밖에 풍요함을 손에 넣을 수 없는 생활의 양식 속에 사람들이 던져넣어질 때, 곧 사람들의 삶이 그 속에 뿌리를 내려온 자연을 해체하고, 공동체를 해체하고, 혹은 자연으로부터 떼어놓여지고, 공동체로부터 떼어놓여질 때 화폐가 사람들과 **자연**의 과실이나 **타자**의 작업 성과를 매개하는 유일한 방법이 되고, "소득"이 사람들의 풍요로움과 빈곤, 행복과 불행의 척도로서 나타난다. (풍요로움과 빈곤의 근사적인 척도로서 존립하고, 행복과 불행의 하나의 기초적인 차원으로서 성립한다고 해야 할 것이다.)

사람들은 이것을 일반론으로서는 곧바로 인정할 뿐만 아니라, "당연한" 것이라고조차 말할지 모른다. 그렇지만 "남의 빈곤"이나 남의 "개발"을 말하는 많은 언설은 실제상, 이 "당연한 것"을 이론의 기초로서 근거지우지 못하는데, 인식으로서 표적을 상실할 뿐만 아니라, 정책으로서도 방향을 지나친 것이다.

1일에 1달러 이하밖에 소득이 없는 사람이 세계에 12억 명이나 있고, 75센트 이하의 "극빈층"조차 6억3천만 명이나 있다고 하는 언설은 선한 의도로부터 이루어진 것이 많거니와, 당분간은 보다 좋은 정책 쪽에 힘을 줄 수도 있지만 원리적으로는 틀리거니와, 장기적으로는 불행을 증대하는 듯한, **개발주의적인** 정책을 기초지워버리게 될 것이다. 파마요족 사람들이나 아마존의 많은 원주민도 오늘날의 "1일 1달러 이하"의 소득밖에 없는 12억 명에 들어가지만, 그들의 "소득"을 "1달러 이상"으로 하는 잘못된 정책에 의해서 행복의 몇몇 차원을 잃고, 불행을 증대할 가능성 쪽이 현실에는 확실하게 크다. (보이는 행복과 반대로 보이지 않는 행복의 차원을 잃고, 측정할 수 있는 행복과 반대로 측정할 수 없는 행복의 여러 차원을 잃을 가능성 쪽이 크다.) "자신들이 먹을 것"을 만드는 걸 금지시킨 저 도미니카의 농민들은 먹을 것을 시장에서 사는 것 이외에는 살아갈 수 없기 때문에 어딘가의 대량 소비 시장을 위한 상품 작물을 만들어서 금전을 획득할 수밖에 없고, "소득"을 증대시킬 수밖에 없다. 이 시장으로부터, 이전보다도 빈한한 식물밖에 손에 넣을 수 없게 되어도 그들은 통계상, 소득은 향상된 셈이다. 1일 1달러라는 "빈곤"의 라인으로부터 "구해낸" 인구 통계 속에 들어갈지 모른다. 이와 같은 "빈곤"의 정의는 잘못되어 있는 것이다.

사람들은 이처럼 말할지 모른다. 정의의 문제라면 언어 사용이 선택 방식의 문제에 불과하다. 빈곤/부유라는 문제와 불행/행복이라는 문제는 별개로 생각하면 좋을 것이다. 그들은 행복할지 모르겠지만 화폐 소득이 없기 때문에 "정의상" 빈곤한 것이다. "가난해도 행복한 것이다"라고 생각하면 좋은 것이 아닌가라고, "가난해도 행복한" 삶이 있다고 하는 건 사실이다. 그렇지만 그것은, 예를 들어 우리가 사는 도시처럼, 화폐 경제가 지배하고 만들어낸 시스템 속에서, 그러나 화폐를 조금밖에 얻을 수 없고, (곧 뚜렷하고 은밀한 빈곤으로) 그렇지만 애정이나 감정과 같은 지고한 것에 축복받는 듯한 삶인 것이다. 화폐를 처음부터 **필요로 하지 않는** 세계의 "빈곤"을 말하는 건, 하늘을 나는 새나 들에 피는 백합도 수입이 없기 때문에 "빈곤"하다는 것과 똑같을 정도로, 의미가 **없는** 척도인 것이다.

현대의 "남[쪽]"의 사람들의 대부분이 빈곤한 건 사실이다. 그렇지만 그것은 GNP가 낮기 때문에 빈곤한 건 **아니다.** GNP를 필요로 하는 시스템 안에 집어넣어져버린 **위에서,** GNP가 낮기 때문에 빈곤한 것이다.

자신들이 살아가기 위해서 필요한 걸 자신들의 손으로 만들어낸다고 하는 걸 **금지당했던** 저 도미니카의 농민들은, 이런 "남"의 사람들 모두의 "빈곤"의 구조의, 적나라하게 단축된 전형에 불과하다.

"남의 빈곤"을 둘러싼 사고는, 이 **제1차의 분리,** GNP로의 소외, 본원적인 박탈을 먼저 시야에 조준하지 않으면 안 된다.

"북의 빈곤", 강요된 부유함

1998년의 아메리카에는 약 3100만 명의 사람들이 빈곤 라인 이하의 생활을 하고 있었다고 한다. 이 "빈곤 라인"이란 4인 세대에서 연수입 1만 2000달러 이상에 미치지 못하는 생활이라고 한다. 이 선은 "남의 빈곤"을 논할 때 세계은행 등이 사용하는, 1인당 연간 370달러라는 선과는, 꽤 차이가 있는 것처럼 보인다. 이 "더블 스탠다드"는 "풍요로운 나라"의 사치와 편견의 방면에 기준으로 생각할 수 있을까? 어떤 부분까지는 그런 "사치와 편견"이 존재한다고 생각해도 무방할지 모른다. 그렇지만 예를 들어 아메리카 국세 조사 기록에 의하면, 1972년에는 "적어도 1000만부터 2000만 명의 아메리카 국민이 너무나도 적은 식비에 돌리지 않기 위해, 공복으로 고생하고 있거나 혹은 병에 걸려 있다."

이것은 수입의 숫자가 아니라, 실제로 음식물이 손에 들어가지 않는다는 숫자다. 파마요족의 시골 사람들은 4800

엔의 연수입으로 풍요롭게 살아갈 수 있지만, 뉴욕이나 도쿄의 주민은 그 10배여도 거의 살아갈 수 없다. 이것은 단순한 사치나 편견의 문제가 아니다.

아시아나 아프리카의 많은 시골에서 TV가 없는 것은 전혀 빈곤이 아니지만, 도쿄나 파리나 뉴욕에서 TV가 없는 건 빈곤이다. 로스앤젤레스에서 자동차가 없는 건 "노멀한 시민"으로서의 생활이 거의 불가능하다는 것이다.

이 새로운 빈곤의 모습을, 설명하려고 하는 이론이 일반적으로 사용하는 용어법은, "절대적 빈곤"과 "상대적 빈곤"이라는 컨셉이다. "남"의 빈곤은 절대적 빈곤이지만, "풍요 사회"의 내부의 빈곤을 적확하게 파악하는 방법일까?

이미 살펴보았듯이, 도쿄나 뉴욕에서는 파마요족의 10배의 소득이 있어도 실제로 "살아가지 못한다". 이것은 이웃과의 비교나 불평등 일반의 문제가 아니라, **절대적인 필요를** 충족하는 게 불가능하다는 것이다.

전화가 없어도 인간은 살아갈 수 있지만, 1990년대의 도쿄에서 전화가 없다고 하는 가족은 의무 교육의 공립학교 "연락망"으로부터도 탈락하는("특별한 처치"로 비로소 "구제" 받는) 존재다. 그리고 이 의무 교육에 참가하지 못하는 건, "뉴욕에서 12년 동안의 학교 교육을 받지 않는 것은 불구자와 같은 취급을 받는다"(이반 일리치 『콘비비얼리티를 위한 도구』)는 것과 마찬가지의 취급을, 일본 사회에서도 받는다.

곧 그 살아가고 있는 사회 속에서 "보통으로 살아가는" 것이 불가능하다.

이것들은 "선망羨望"이나 "현시顯示"라는 심리적인 문제가 아니라, 이 사회의 시스템에 의해서 강요되는 객관성이고, 구조가 정의하는 "필요"의 새로운 지평의 절대성이다.

〈빈곤〉의 컨셉은 이중의 박탈이라는 점을, "남의 빈곤"에 따라서 살펴봤다. 화폐로부터의 소외라는 눈에 보이는 규정 이전에, 화폐로의 소외라는 눈에 보이지 않는 규정이 있다고. 이 컨셉은 형태를 전적으로 달리 하는 것처럼 보이는 "북의 빈곤"에도 그대로 적용된다. 제1차적인 박탈의 거대함에 따라서, 〈필요〉의 라인을 정의하는 화폐의 수량도 거대해진다. 제1차적인 박탈의 중층적임에 따라서, 〈필요〉인 것의 근거도 중층적으로 되어 있다.

현대의 정보 소비 사회의 시스템은 점점 고도로 상품화된 물자와 서비스에 의존하는 것을, 이 사회의 "정상적인" 성원의 조건으로서 강요하는 것을 통해서, 본원적인 필요의 몇 겹으로나 간접화된 충족의 양식 위에, "필요"의 항상 새롭게 갱신되어가는 수준을 설정해버린다. 새로운, 그러나 마찬가지로 절실한 빈곤의 모습을 생성한다.

이 새롭게 "설정된" 절대적인 필요의 지평은, 이처럼 시스템 스스로 생성하고 설정해버리는 것이어도, 동시에 이 현대의 정보 소비 사회 시스템은 (이 새로운 "필요"의 지평을 포함해서) 〈필요로부터 이륙한 욕망〉을 상관항으로 하는 걸 존립의 원리로 삼고 있다. 본원적인 필요든, 새로운 필요든 이미 살펴본 것처럼 현대의 정보 소비 사회는 인간에게 무엇이 "필요한지"라는 점에 대응하는 시스템은 아니다. "마켓"으로서 존재하는 "필요"로밖에 상관하지 않는다. 시스템 그 자체의 운동 속에서 점점 복잡하게 중층화되고, 점점 증대하는 화폐량에 의해서밖에 충족될 수 없는 "필요"를 생성하고 설정하면서 "필요"에 대응하는 것은 시스템에게 원리적으로 관여하지 않는다는 낙차 속에, "북의 빈곤"은 구성되어 있다.

그것은 시스템의 배출물이다. 곧 시스템의 **내부**에서 생성되면서 **외부화**되는 것이다.

현대의 "풍요한 나라들"에서 이 빈곤의 상당 부분은 실제로는 갖가지 정책적인 "방법"을 통해서 구제되어 있다. 아메리카 국세 조사국의, 이 나라에서 역시 1000만 명이 굶주리고 있다는 보고를 소개한 뒤에 계속해서 "영국, 프랑스에도 가령 실업 보험 제도가 없다면 양국 합쳐서 1000만 명을 밑돌지 않는 사람이 굶주림에 처해 있는 건 틀림없다"고 조지가 서술하고 있는 건, 이 정책의 기능을 단적으로 표현하고 있다.

"복지"라고 하는, 현대의 "풍요로운 나라들"의 시스템이 대상으로 삼는 사람들은 노동할 기회가 없는 사람들과, 노동할 능력이 없는 사람들이다. 후자에는 부상자, 심신장애자, 아동과 고령자가 포함된다. (의료 복지, 장애자 복지, 아동 복지, 고령 복지.) 〈노동할 기회가 없는 것〉과 〈노동할 능력이 없는 것〉이라는 실제상의 대상 규정은, 현대 사회 시스템의 원리상의 결함을 보충하는 것으로서, 완벽하게 논리적이다. "필요"를 "수요"로 번역하는 파라미터는 화폐를 소유하는 것이지만, (특별한 자산을 보유하는 것이지 않는 한) 노동할 기회든지 능력의 결여는 이 번역하는 파라미터의 결여에 다름 아니기 때문이다.

현대의 정보 소비 사회 시스템의 원리상의 모순과 같은, "복지"라는 보완 시스템에 의한 방법은 국가에 따라서, 시대에 따라서 충분하게 가까운 수준에서 이루어지는 것도 있고, 거의 이루어지지 않는 것도 있다. 이 양적인 수준의 상하는 물론, 실제로 많은 사람에게 절실한 문제다. 그렇지만 이 양적인 수준의 상하와는 관계없이, 이 사회의 원리적인 시스템에 의해서 일단은 외부화되고 "배출"된 모순의, 제2차적인 "방법"이자 "구제"라고 하는 구조는 이 "복지"라고 하는 영역을, 기본적으로 상처받기 쉬운vulverable 것으로 만들고 있다. 위기의 국면에는 언제나, "삭감"이나 "절약"이나 "대신 인수함"이나 "자기 부담"이나 "합리화"의 대상으로서 의제의 도마에 올리는 것으로 만들고 있다. 〈복지

welfare〉라는 컨셉이 (그 본원적인 목적성에서가 아니라,) 시스템의 모순을 보완하는 것으로서, 소극적인 정의를 내릴 수밖에 없기 때문이다.

"북의 빈곤"의 존립 기제와 현실의 "풍요로운 나라들"의 국내에서 그것이 존재하는 형식의, 골자는 이처럼 파악할 수 있다.

정보화/소비화 사회와 "외부"

⬤

　1975년에 내가 머물고 있던 당시의 멕시코시티는 인구 950만이었다. 20년 뒤의 1995년, 멕시코시티는 인구 2000 만을 넘어 세계 최대의 도시로 발전해 있다. 1975년에, 당시의 에체베리아 대통령은 "제3세계의 맹주" 멕시코라는 것을 지향해서 왕성하게 각종 국제 회의를 개최했다. 1994 년에 멕시코는 NAFTA(북대서양 자유 무역 지역)에 가맹하고, 중심가에서는 사람들이 날뛰며 "¡Somos el Primer Mundo!"("우리는 이제 제1 세계다!")라고 외쳤다고 한다.

　1975년에 멕시코시티에서는 계절이 건물의 그림자와 양지 사이에 있었다. 표고 2200m의 "상춘의 도시", "계절이 없는 가도"라 불렸던 이 도시도, 관통하는 하늘로부터 내려쬐는 열대의 태양빛 때문에 양지의 광장과 공원은 진짜 여름 같고, 거대한 빌딩의 그림자는 썰렁해서 가을 같았다. 1989 년에 짧은 기간 이 도시에 있었을 때, 70년대의 멕시코를 알고 있는 일본인 지인이 선망해서 "구름 하나 없는 하늘 아래서 매일을 즐기는 것이지요"라고 썼었지만, 나는 온 하늘을 덮고 있는 스모그로 진정으로 구름 하나 보이지 않는 이 도시의 이 해의 하늘을 보면서 무엇으로 응답을 써야 할까 하고 쓴 적이 있었다.

1990년대에 들어서자 이 도시에는 "산소의 작은 방"이라는 전화박스 같은 캐빈이 설치되고, "시민은 거기서 폐 한 모금의 산소를 산다"(람팔, 앞의 책)는 지경이 된다. 공기라는 자연적인 것의 본원적인 상실 뒤에 상품이 되고, 화폐로 살 필요가 있던 이 신선한 산소의 매매는 보틀 원더나 관광 개발지의 "녹음"과 마찬가지로, GNP에 가산되고, "발전"을 드러내는 지표에 짜여들어가야 할 것이다.

16세기 코르테스 병사들의 눈을 빼앗았던 아름다운 호수 테스코코 위에 세워진, 아스테카의 도시를 점거해서 만들어진 이 근대 도시는, 머지않아 호수의 물을 사용하고, 부족한 산업용수와 도시의 생활용수를 위해 근방으로부터 물을 끌어온다. 물을 빼앗겨서 농업과 생활의 기반을 상실당한 지역의 원주민들은 마을들을 해체하고서 이 도시에 살아남을 기회를 찾아서 유입한다. 증대하는 도시 인구와, 값싼 노동력을 얻어서 발전하는 산업이 필요로 하는, 더욱이 대량의 도시 생활용수, 산업용수를 위해 한층 먼 지역으로부터도 물을 끌어온다. 물을 빼앗기고, 농업과 생활의 기반을 잃은 한층 먼 지역의 원주민들은 많은 마을을 해체해서 이 도시에 유입해온다.

"개발"이라는 이름으로 불려온 이 박탈/발전의 표리의 사이클은 다른 많은 "발전도상국"의 도시와 마찬가지로, 멕시코시티를 세계 제일의 인구를 가진, "제1 세계"의 위성으로 밀어올려왔다. 정작 사실로 하이웨이와 현대 건축이 나란히 서고, 중심가의 쇼윈도에는 풍부한 대량의 소비 물자가 넘쳐나고 있다.

이 새로운 "제1 세계"의 개발/발전의 다이내미즘은 전 세계적인 "제1 세계"의 개발/발전의 다이내미즘의, 요약되고 단순화된 시뮬레이션 같은 것이다.

현대의 정보화/소비화 사회 시스템은, 고전적인 자본제 시스템의 모순을 극복하고, 20세기 후반에 걸쳐서 이루어진 "사회주의"와의 대조 실험을 통해서 그 상대적인 우위를 거의 완전하게 입증하고, 우리의 미래를 맡기는 게 가능한, 유일한 현존하는 시스템으로서 오늘날 존재하고 있다. 그렇지만 여기에 입증된 것은 어디까지나 상대적인 우위여서 시스템이 그 자체 안에 모순과 결함을 갖지 않는다는 건 아니다.

고전적 자본제 시스템의 모순을 뛰어넘는 것은, 따라서 또한 "사회주의" 시스템에 대한 승리는 정보화된 소비의 다이내즘을 통해서 시장을 자기 창출하는 힘을 시스템이 획득했던 점, 스스로 자신의 전제를 만들어내는 것이 가능한, 자기 준거계로서 시스템이 자기를 순화하고 왕성했던 점, 〈필요를 이륙한 욕망〉의 무한한 공간을 열어젖힘으로써 한정되지 않는 발전의 궤도를 그것이 찾아냈던 것에 근거해 있었다. 그렇지만 이 새롭게 획득된 개발/발전의 무한 공간은 그 생산의 기점에서도, 소비의 말단에서도 자원/환경적인 "한계"를 곧바로 드러낸다. 그것은 우선, 이 시스템 외부의 여러 사회, 여러 지역으로의 이전에 의해서 **원방화**遠方化되고 불가시화된다. 자원으로서, 환경으로서 개발되고 수탈된 외부의 여러 사회, 여러 지역은 살아가는 것의 자연적, 공동체적인 기반을 해체하고, 화폐를 매개로 해서밖에 살아가지 못하는 시스템 안으로 편입되어간다.

이 본원적인 해체와 박탈에 의해서 비로소, 생존과 행복에서의 조건의 절대성으로서, 화폐의 일정량에 대한 **"필요"** 가 형성된다. 그렇지만 시스템은 원리상, "필요"에는 무관심하기 때문에 **이륙된** 쪽으로서의 "필요"의 지평은 만족되지 않은 채, 이 박탈의 **이중성**으로서, "남의 빈곤"은 방치되고 확대된다. 이 역외적인 빈곤은 직접적으로도 "풍요 사회"의 역내에 유입하지만(이민 노동자, 등등), "풍요 사회"는 그 자체의 역내에도 또한 빈곤의 새로운 모습을 생성한다. 세대로부터 세대로 걸쳐서 해체되고 이륙되고 만들어낸 자연과 공동체란 자립하고 공생해서 살아가는 능력도 수단도 박탈당한 신체와 신체 관계를 만들어내고, 몇 겹이나 중층화되고 상품화된 물자와 "서비스"에 의존하지 않고는 살아갈 수 없는 것으로서, 바로 행복하게는 살아갈 수 없는 것으로서, 이들 신체와 신체 관계들을 길들인다. 도시나 국토 공간의 전 영역도, 일을 획득하기 위해 필요한 조건의 전 시스템도 수천 달러라는 단위의 연수입을 절대적으로 필요한 수준으로서 설정해버리고 있다. 시스템이 스스로 설정해버리는 이 새로운 "필요"의 지평에 대해서도, 시스템은 원리상 그 충족에는 무관심하기 때문에 끌어올려진 이 필요의 절대성과 이륙되어 있는 충족의 수준 사이의 낙차 안에서, "북의 빈곤"의 새로운 형태가 구성된다.

이처럼 그 형태는 "남의 빈곤"과 현저하게 다르지만, 우선 본원적인 해체와 박탈이 있고, 화폐적 필요의 절대성에 대한 종속이 있고, 그 위에서 이 "필요"가 시스템에 의해서 원리적으로 이륙되어 있다고 하는 이중성에 의한 불행의 구성은 "남의 빈곤"과 동일한 논리에 의해 관통되어 있다.

제4장

정보화/소비화 사회의 전회

자립 시스템의 투철

서: "그래도 가장 매력적인 사회"?

"그래도 세계에서 가장 매력적인 도시"라는 형용이 도쿄에 대해 붙여지는데, 현대의 정보화/소비화 사회 시스템은 그래도 세계에서 가장 매력적인 시스템이다. 매력에 대해서는 누구의 눈에도 보이고, 너무 잘 보인다는 틀이 되어 있기 때문에 여기서 새삼스럽게 세어볼 필요도 없을 것이다. 적어도 매력 따위를 느끼지 못한다는 사람에게도 아마 그 태반의 사람들에게는 적어도 **상대적으로**, 또 갖가지 조건에서는 이 정보화/소비화 사회가 세계에서 가장 매력적인 시스템이다.

"냉전의 승리"라는 점에 대해서, 이론적으로나 사상적으로나 긴요한 단 한 가지 점은, 그게 **군사력의 우위에 의한 승리**가 아니었다는 점이다. 군사력에 관한 한, 두 진영은 확실하게 남을 압도해서 승리할 수 없다는 유착 상태에 있었다. 이 유착을 무너뜨렸던 건 "자유 세계"의, 정보와 소비의 수준과 매력성이고, 한층 근본적인 곳에서는 인간이 자유를 적어도 이념으로서 긍정하고 있는 시스템의 매력성이다.

비틀즈나 [밥] 딜런이나 산타나나, 저 빛남과 환희에 충만했던 70년대 코뮌의 나날도, 이 현대의 정보 소비 사회의 수준에 뒷받침되어 있다. 정보와 소비의 시스템 자체에 대한 모든 비판과 반발을 허용하기조차 하는 "풍요로운 사회"와, 그 자유에 뒷받침되어 있다.

현대의 우리가 살아가는 사회의 시스템이 무언가 근본부터 다른 이념에 인도되는 듯한 체제에 의해서 바꿔놓여야 할 것이라면 이 시스템의 구체적인 모순이나 결함에 대해서 골똘히 생각한다는 건 그다지 의미 있는 일은 아닌 게 될 것이다. 그와 같은 "이상적인" 체제가 되어버리면 해결되어버릴지도 모르기 때문이다. "다른 체제"에 어떠한 환상도 갖지 않는 사람들은 비로소, 이 시스템의 현재 있는 것과 같은 모습의, 모순과 결함에 허리를 집어넣어서 정면에서 짜넣을 수 있다.

정보를 금압하는 듯한 사회, 소비를 금압하는 듯한 사회에 우리는 매력을 느끼지 못한다. 〈자유〉를 그 근본 이념으로 삼지 않는 듯한 사회에, 우리는 매력을 느끼지 못한다. 그렇지만 그렇다면 정보화/소비화 사회 시스템의 원리로부터 불가피한 것처럼 보이는 이들 불행과 한계(환경의 한계/자원의 한계. 남의 빈곤/북의 빈곤)를, 어떠한 방식으로 뛰어넘을 수 있을까?

그건 아마 **정보**에 대한, 소비에 대한 본원적인 고찰을 통해서, 그것이 우리에게 매력이 있는 것인 것의 근거, 불가피한 미래인 것의 근거와 현재 있는 것과 같은 정보화/소비화 사회 시스템의 원리 사이의 위상차를 절개하는 것을 통해서, 정보/소비 시스템의 전적으로 새로운 형태를 구축하는 것을 통해서 가능해질 것이다.

〈자유로운 사회〉라는 이념을 시스템의 원리로서 내버려두는 게 아니라, 우리는 살펴보았던 것과 같은 불행과 한계를 어떻게 뛰어넘을 수 있을까. 이 책의 목적은 분석이지 비전의 제시는 아니지만, 진정으로 〈자유로운 사회〉의 지속하는 형태의 실현을 위한 조건과 과제를 명석화하는 바에까지는 해두고 싶다고 생각한다.

소비 컨셉의 두 가지 위상

보드리야르의 소비 사회론, 바타이유의 "보편 경제론" 3부작(저주받은 몫(소진消盡)/에로티시즘의 역사/지고성)으로부터 영감과 후채後彩를 끄집어내고 있다. 바타이유는 경제 활동, 예를 들어 "아메리카합중국에서의 자동차의 생산" 등의 전체를, "지구상의 에너지 유동에 대한 경제의 의존성" 이라는 관점에서 고찰하고 있다. 그렇지만 바타이유는 그 "성장의 한계" 이론을 포함해서, 오늘날의 환경/자원 문제의 이론가들이 취급하는 것과 같은 방식으로 "외부 경제"의 문제를 직접적으로 다루려 하는 건 아니다.

바타이유는 "자연의 세 가지 사치"인 음식과 죽음과 성에 대한 고찰을 한 위에서, 인간이라는 존재 자체가 일종의 호사스러운 소진(연소燃燒)인 점을 서술한다. "지구상의 인간의 존재 방식은 성장의 문제에 대해서 하나의 해답을 제시한다. 될 수 있는 한, 노동과 기술에 의해서 인간은 주어진

한계를 뛰어넘어서 그 확장을 가능케 해왔다. 그러나 초식
동물이 식물에 비해서, 육식동물이 초식 동물에 비해서 일
종의 사치인 것과 마찬가지로, 그 운동의 태양 기원과 합치
한 연소에 대해서 생명의 압력이 제공하는 잉여 에너지를
격하고 호사스럽게 소진하는 데, 살아 있는 온갖 것 가운데
서 인간은 가장 적합하다는 것이다."(『저주받은 몫』)

바타이유는 이와 같은 인간의 본원적인 사치성, 무상성無
償性, 효용 없이 연소하고 소진하는 존재로서의 힘이, 종교
적인 공희供犧와 신앙, 에로티시즘의 역사, 원시 동굴의 회
화로부터 현대의 예술에 이르기까지 면면히 계속 흐르고
계속 발현하고 있는 걸 해박하게 논증해간다.

생산주의적인 사회 이론/인간 이론의 일체의 모습에 대한
파괴적인 비판과, 소비를 인간 존재의 본원적인 모티프로
서 사회의 이론의 중심에 둔다는 관점의 전환에서 바타이
유는 보드리야르 이하의 현대의 소비 사회론에 강력한 기
저를 준비하는 게 되었다.

보드리야르 자신은, 긍정을 계속 금지하는 언설—구체적
인 무엇을 긍정함으로써 자기의 언설의 초월성을 위기에
빠뜨리는 걸 계속 회피하는 언설이라고 하는, "포스트모더
니즘"의 한 유파의 전형적인 저작자이기 때문에 생산주의
적인 여러 이론을 비판할 때도 "소비 사회" 자체에 대한 시
니컬한 거리의 자세를 무너트리지 않지만, 바타이유의 소

비 사회론을 뒤이은 보드리야르가 현대의 소비 사회에 대한 기본적으로 긍정적인 언설들의 개화開花로 길을 열었던 건 명백하다.

그렇지만 이와 같은 "소비 사회" 이론의 형편 속에서 이 이론의 핵심 부분에 하나의 잘 보이지 않는 전위傳位가 있던 것처럼 생각된다.

바타이유의 『저주받은 몫』의 제2부는 "소비 사회"라고 부제를 붙여서, 효용으로 회수되지 않는 소진(연소)이 하나의 사회의 다이내미즘을 구동시키는는 중심적인 모티프로조차 될 수 있는 것이라는 점을, 아메리카 원주민의 몇 가지 사회의 제의祭儀나 증여 시스템을 고찰하면서 논하고 있는데, 이 제2부의 끝부분에서 현대의 우리 사회 쪽을 되돌아보고서 저자는 이런 걸 적고 있다.

"현대에는 진정한 사치는 거꾸로 가난한 것의 손에, 지면을 보금자리로 해서 어떤 물건에나 눈을 안 줄 것 같은 인간의 손에 돌아오고 있다. 진정한 사치는 부에 대한 완전한 모멸을 요구한다. 가령 헌옷의 광채와 무관심의 음침한 기운의 도전이 없다면 앞으로 누구나 풍요로움의 의미를, 즉 그것이 고지하는 범람적인 것을 찾아낼 수 없을 것이다."

바타이유가 여기서 보고 있는 "소비 사회"의 핵과 같은 것, 〈사치〉와 〈소진〉의 핵과 같은 것은 현대의 "소비 사회"로서 우리가 알고 있는 것의 원리와는 아주 다른 것처럼 보인다.

바타이유가 이『저주받은 몫』제2부의 부제로서 썼던 "소비 사회"는 la société de consummation이다. 보드리야르가 그의 주저의 표제로 삼는 "소비 사회"는 la société de consommation이다. consummation은 〈태워없앤 것, 불질러버린 것, 격렬한 고양高揚〉을 가리키는 것이고, 바타이유의 책의 다른 곳에서는 "소진", "탕진蕩盡" 등등으로 번역되어 있다. consommation은 (완수, 성취, 파괴나 붕괴가 다다르는 곳까지 수행하는 것을 보여주는 것이기도 하지만,) 일반적으로는 일본어와 거의 똑같은 "소비"를 가리키고 있다.

그렇지만 이 점은 일본어로 번역할 때 우연히 똑같은 번역어가 할당되었다는 게 아니라, 프랑스 사상계 자체에서도, 특히 "소비 사회"를 둘러싼 언설에서는 바타이유적인 consummation과 보드리야르적인 consommation은 중첩되어서 생각되고 있는 게 많다.『저주받은 몫』의, 사후에 간행된 여러 판에는 편찬자에 의해서 "소비의 개념"이라는 텍스트가 더해지고 있다(일본어 번역에서는 권말에). 〈소비와 비교한 생산과 획득의 부차적 성격〉(생산과 획득에 대한 소비의 본원적 성격)을 비로소 명확히, 체계적으로 내세웠던 이 텍스트에서의 "소비"는 consummation도, consommation도 아니라, dépense다. 이건 매우 경제적으로 건조한 "소비"(지출, 비용)여서, consummation보다 consommation

쪽에 훨씬 가깝다. 그렇지만 바타이유는 이 순수하게 경제
학적으로 무미건조한 말을, consummation으로서 파악하
고 있다. "시의 어법은……소비(dépense)와 동의어로 간주
해도 좋다" 등등. 경제학과 시학, 등등의 평면 사이의 이 파
괴적인 종단에야말로 정작 바타이유의 사고 운동의 진수가
있었다고 해도 좋을 정도다.

그럼에도 불구하고 이 종단은 그다지 강인하지 않은 사고
들에게 계승된다면 무언가 애매한 논리의 옆쪽으로 미끄러
지는 것과 같은 것으로 변질해버린다.

바타이유의 소비 사회론에서의 "소비consummation"와
보드리야르 이래의 소비 사회론에서의 "소비consomma-
tion"를 방법으로서 일단 분리해서 파악하기 위해서 그 차이
를 명시화하는 듯한 일본어로 전개해보자면 consumma-
tion이란 〈충만하고 연소할 수 있는 소진〉이고, consom-
mation이란 〈상품의 구매에 의한 소비〉다. la société de
consummation란 효용으로 회수되지 않는 생명의 충만과
연소를 해방하는 사회의 경제이고, la société de consom-
mation란 상품의 대량 소비를 전제로 하는 사회의 형태다.
구별하기 위하여 consummation과 consommation을 〈소
비〉와 "소비", la société de consummation과 la société de
consommation을 〈소비 사회〉와 "소비 사회"라는 식으로
여기서는 표기해보자. 혹은 소비 사회론의 사고의 계보학

에 따라서 소비 컨셉의 "원의原義"와 "전의轉義", (소비 사회의 컨셉의 "원의"와 "전의")라는 식으로 여기서는 언표해보자.

바타이유가 그 〈소비 사회〉를 주제로 삼았던 부部의 끝에 적고 있는 건 〈소비〉와 "소비"가 때로는 물구나무서는 일조차도 있다는 점을 시사하고 있는 것처럼 생각된다. 〈소비〉를 카피 워드로 삼는 "소비 사회"가 잘 보이지 않는 방식으로 〈소비〉를, 변질시켜버리는 일이 있다고 하는 점을 시사하는 것처럼 생각된다. "현대 사회는, 거대한 위조체다. 거기에서는 **풍요로움**의 이런 진리가 몰래 **가난함**의 손으로 변이되어 있다."

보드리야르 이래의 "소비 사회" 이론은 소비의 **본원성**이라는 그 이론의 정당성과 매력과 설득력을, 이 바타이유적인 〈소비〉의 본원성의 이론으로부터 끄집어낸 것을 근거로 하면서 그 근거로 삼는 소비의 컨셉을 consummation으로부터 consommation으로, 현대 사회의 구조에 의해서 각인된 통념이 정의하는 "소비" 컨셉 쪽으로, 곧 **상품**을 구입해서 소비하는 활동이라는 컨셉 쪽으로 전위하고 있다. 이 전의된 "소비 사회"는 상품을 대량으로 소비하는 사회의 형태로서 정의되어 있는 것이기 때문에 당연히 상품의 대량 **생산**을 요청하고 전제하고 있다. 갈브레이스 이하의 많은 이론가가 명시하고 있듯이, 그건 원래 이 대량 **생산**에 의해서 요청되고 형성된 "소비"이지 않으면 안 되기 때문에 〈생산에 대한 소비의 본원성〉이라는, 소비 사회 이론의 원의 자체가 여기서는 어느새 전도된 컨셉에 의해서 치환되어 있다.

바타이유가 그 〈소비 사회〉를 주제로 삼았던 부에서 "역사적인 자료"로서 들고 있는 건, 앞서 살펴보았듯이 아메리카 원주민의 몇몇 사회인데, 바타이유는 이들 사회를, 그대로 이상화하고 있지 않은 건 물론, 이들 사회가 순수하게 〈소비 사회〉라고조차 생각하지 않는다. 바타이유는 이들 사회를, "우리가 스스로 결여하고 있는 것을 측정하는 데 조력은 되는" 것으로서, 또한 우리 자신 안에조차 토대에 깔려 있는 듯한, 인간 사회에 편재해 있는 진실의 하나의 모습을, 눈에 보이는 형태로 끄집어내기 위한 실마리로서 방법적으로 주제화하고 있을 뿐이다. 게다가 바타이유의 자료 해석 자체에 대해서도, 또한 사례의 방법으로서의 적절성이라는 점에 대해서도 우리는 현재라는 시점에서 비판할 수 있다. 사상으로서/이론으로서 긴요한 건, 바타이유가 이 "역사적 자료들"을 통해서, 또한 3부작의 이르는 곳마다 종교와 성애와 예술의 풍부한 형태의 고찰을 통해서 일관해서 추구하고 있는 "근본적인 요소─유용성 저편의 〈소비〉라는 컨셉을, 정련해서 끄집어내온다는 점이다. 〈생산에서의 소비의 본원성〉이라는 여기서의 핵심 명제의, 정당성의 근거로 간주할 수 있는 컨셉으로서의 〈소비〉 개념을, 순화해서 뽑아낸다면 그것은 어떠한 효용에도 앞서는 듯한, 〈삶의 충만과 환희의 직접적인 향유〉의 위상으로서 파악할 수 있다.

소비 사회의 이론으로서/사상으로서 긴요한 건 소비 컨셉을 명석하게 해둔다는 것,—첫째로, 소비 컨셉 안에 있는 이중화된 초점을, 일단은 분리하고서 다른 수준의 것으로서 뽑아낸다는 것, 둘째로 이 두 가지 소비 컨셉을 각각 정련해서 명확히 정의한다는 것, 셋째로 이처럼 명확화된 소비 컨셉을, 현대 "소비 사회"의 모순과 곤란을 절개하고, 출구를 구상하기 위한 사고의 방법의 기축으로서 시동시킨다는 것이다.

소비의 두 가지 컨셉과 "한계 문제"

소비 사회의 핵심에 있는 컨셉의 이와 같은 이중의 초점, 소비 컨셉의 원의와 전의를 방법으로서 명확화해둔 위에서, 2장과 3장에서 주제로 삼았던 현대 사회의 "한계 문제"에, 어떠한 출구를 찾아낼 수 있는지를 생각해보자.

2장과 3장에서 살펴보았듯이, 이와 같은 "한계 문제"—환경의 한계/자원의 한계, 남의 빈곤/북의 빈곤은 정보화/소비화 사회의 현재 있는 것과 같은 형태의, 불가피한 귀결로서 생겨나고 있다. 정보화 문제는 이 장의 후반부에서 모아서 생각해보기로 하고, 소비화 문제만 다루어본다면 이 점은 "소비 사회"의 현재 있는 것과 같은 형태에게는 불가피한 귀결로서 생겨나고 있다. 이 점이 "소비 사회" 일반의 불가피한 귀결인지 여부는 여기서는 아직 결정할 수 없다. 결론만 앞서서 이야기한다면, 우리는 이와 같은 "한계 문제"가 "소비 사회"의, 일반적으로 불가피한 귀결이라고는 생각하지 않는다. "소비 사회"의 "폐절" 없이는 해결할 수 없는 문제 군이라고 우리는 생각하지 않는다. 그렇지만 그것은 "소비 사회"의 어떤 전회가 필요로 하는 것일 거니와, 이 〈전회〉의 기축을 명확히 해가는 게 이 장의 전체로서의 과제의 중심 이라고 말해도 좋을 것이다.

첫째로, 원의로서의 〈소비 사회〉에 대해 살펴보자. 효용 으로 산정되지 않는 생명의 충만과 환희를 자유롭게 해방 하는 걸 기축으로 해서 구상되는 사회의 형태는 "한계 문제" 와 어떠한 플러스 마이너스의 관계를 갖게 되는가?

이와 같은 〈소비 사회〉는, 언뜻 보자면 오늘날의 "소비 사회" 이상이나 환경 파괴적, 자원 해체적인 것처럼 보이는 게 있다. 특별히 바타이유의 화려한 것, 파멸적인 것에 대한 좋음의 측면, "탕진"으로 번역되는 것과 같은 consummation 의 이미지 측면을 확대하자면 그것은 아무리 생각해도 대량의 물자 소모와 환경 오염을 결과하는 것처럼 보인다. 바타이유가 [마르셀] 모스의 『증여론』에서 배우고, 그의 〈소비 사회〉 이론의 최초의 영감의 소재로 삼았다고 생각되는, 북서부 아메리카 원주민의 "포틀래치potlach"는 기질이 좋은 증여뿐만 아니라, 카누나 썰매 개나 가옥마저도 화려하게 분쇄, 살육, 소각의 과시에조차 이른다. 그렇지만 이 포틀래치의 예는 생산주의적인 합리성, 유용성, 공리의 원칙으로 환원할 수 없는 것으로의, 최초의 사고의 출발점과 같은 것을 바타이유에게 준 채로, 그게 진정으로 그와 같은 사회의 사례로서 해석할 수 있는지 여부에 대해, 오랜 세월의 곤란한 사고를 바타이유에게 부과한 셈이었다. 결국 바타이유는 포틀래치가 부의 소비라는 측면으로부터만으로는 해석할 수 없다는 결론에 도달한다. 포틀래치에 수반되는 것의 어떤 저 화려한 경의에 가득찬 파괴는 베블렌 이래의 소비 사회론에서 잘 알려져 있는 "현시적 소비"와 마찬가지의, 타자에 대한 우위의 획득, 스테이터스의 유지와 상승이라는 **공리**의 추구가 강한 것이다. 이와 같은 **공리**의 추구와는 **거꾸로의 것으로서** 추출되는, 삶의 충만과 환희의 직접적인 추구라는 계기 자체가 이런 대규모적인 파괴를 일부러 필요로 한다는 의미는 아니다. 포틀래치의 파괴의 "경패競覇적"인 에스컬레이션은 그게 〈소비〉로서 불순한 것인 한의 곳에서부터 오는 것이다.

바타이유가 이 3부작에서 〈소비〉의 한층 적극적인 표현으로서 뒤에 채용하게 되는 〈지고한 것〉의 여러 형식—〈성스러운 것〉이나 에로티시즘이나 예술의 여러 형태를 보자면 그것은 생산주의적인 여러 산물보다도 한층 강력하고 직접적인 기쁨을 사람에게 주는 것이긴 해도 어떠한 강렬한, 혹은 심원한 감동을 위해서도 그것이, 필연적으로 대량의 자원의 채취나 자연의 해체나 다른 사회의 수탈을 필요로 하는 건 아니다. 예를 들어 회화나 시의 아름다움은, 그것이 사용하는 캔버스의 거대함이나 펄프재의 양과는 기본적으로 무관하다. 혹은 한층 사람들의 일상의 삶 안에 있는 것, 노래나 웃음이나 성이나 놀이의 갖가지 모습, 타자나 자연과의 직적적인 기쁨 나눔이나 향유의 여러 가지 엑스터시는 〈소비〉의 원의 그 자체이지만, 곧 〈다른 무언가의 수단이지도 않고, 그 자체로서 삶의 기쁨인 것〉뿐이어도 그것은 어떠한 대량의 자연 수탈도, 다른 사회로부터의 수탈도 필요로 하지 않는다.

이처럼 원의로서의 〈소비 사회〉는 생산을 자기 목적으로 삼는 어떠한 산업주의적인 사회보다도 자연의 수탈과 다른 사회로부터의 수탈을 적은 것으로 삼는 방식으로 구상할 수 있다.

전의로서의 "소비 사회"에 대해서는 어떨까? 전의로서의 소비 사회(=상품의 대중적인 소비 사회)도 또한 그게 현재 있는 것과 같은 모습으로는 아니라, 그 가능성에 대해 생각한다면 "한계 문제"를 뛰어넘을 수 있을 것이라는 전망을, 나는 갖고 있다. 그렇지만 이러기 위해서는 "소비 사회"가 원의로서의 〈소비〉라는 컨셉을 디딤발로 해서 전회된다는 게 필요할 것이다. 〈소비〉를 그 원의에 있어서 풍요로운 것으로 만들어가기 위한, **방법으로서의 시장 시스템**을, 파탄 없이 계속 활성화하기 위한 형식으로서, "방법으로서의 소비 사회"라고도 해야 할 것을 구상하지 않으면 안 될 것이다. 이 점은 "소비 사회"가 자원/환경의 임계 문제, 역외/역내의 빈곤 문제를 불가피한 그림자로서 귀결하는 현재의 구조로부터의, 해방된 전개의 공간을 획득하기 위해 기저적으로 필요한 조건인 것처럼 생각된다.

무한 공간의 재정위. 이륙과 착륙

앞 절의 끝부분에서 원의로서의 〈소비〉를 풍요로운 것으로 만들어간다는 점에 기축을 두었던, "방법으로서의 소비 사회"라는 전망을 서술했다. 이 전망에 대해서는, 정반대 쪽에서의 비판을 생각할 수 있다.

한편은 "소비 사회"의 현재 있는 것과 같은 형태를 기본적으로 옹호하는 입장으로부터의 것이다. 이 자유롭고 매력적이고 풍부한 선진국들의 "소비 사회"가 실현하고, 번영을 지속할 수 있는 것은 소비 수요라는 모습으로, 시스템이 자신에게 필요한 시장을 스스로 창출하는 방식을 확립하고, 자기 준거의 시스템으로서 자립했기 때문이지만, 이 소비 수요는, 물론 시장에서의 **상품** 소비 수요이기 때문에 그와 같은 번영 효과를 갖는 것이어서, 이 핵심의 곳이 〈소비〉로, 곧 상품화될 필요가 없는 것으로서의 소비의 **원의로** 바뀌어버린 데서는 중요한 번영 효과를 뒷받침하는 것으로서의 소비 시장의 무한 공간은 상실되어버리는 건 아닌가라는 것이다.

다른 편은 반대로, "소비 사회" 일반의 폐절을 요구하는 입장으로부터의 것이다. 이것에는 시장 시스템 자체의 폐절을 요구하는 입장의 것과, 시장 시스템은 긍정하지만 고전적인 산업주의적인 시장 시스템이야말로 "건전한" 시장 시스템이어서 "소비 사회"는 그 타락한, 혹은 일탈한 형태라고 하는 입장으로부터의 것이 있다. 어느 것이나 "소비 사회"를, 설령 방법으로서라도 용인해버린다면 그 정의상, **상품의 대량** 소비 사회인 것이기 때문에 그것은 필연적으로 대량의 자원을 손마하고, 증대하는 폐기물에 의해서 환경을 오염시키고, 다른 사회를 계속 수탈할 수밖에 없는 건 아닌가라고 하는 비판이다. 이하의 4절에서는 이 두 가지 방면으로부터의 비판에, 순차적으로 답해보겠다.

첫 번째 방향으로부터의 비판이 말하는 것처럼, 현대 "소비 사회"의 성공은 정보화를 매개로 해서 욕망을 자유롭게 창출하는 것을 통해서, 시장 시스템이 자유로운 전개를 지속하기 위한, "수요의 무한 공간"이라고도 해야 할 것을 찾아냈다는 점에 있다. 그것은 욕망의 문화적 자의恣意라고도 해야 할 것의, "필요의 땅"으로부터의 이륙을 전제하고 있었다. "방법으로서의 소비 사회"라는 구상은, 이 이륙한 수요의 운동 공간을, 한 번 더 경제의 외부의 것으로, 〈인간의 살아가는 것의 기쁨〉이라는 원의적인 것의 쪽에 착지시킨다는 것이다. 이 점에 의해서 수요 공간의 **무한성**은 상실될까?

문제의 적극적인 핵심은, 곧 시장 시스템의 영속하는 활력을 보증하는 전제, 이륙이라는 것 자체가 아니라, 정작 수요 공간의 **무한성**이라는 점에 있어야 하는 것이다. 아주 단순한 비유로서 새삼스럽게 말해보자면 하나의 공간은, 그 하한이 착지하는 것이어도, 상한이 열려진 것인 한 무한한 것을 상실하는 건 아니다.

〈소비〉의 원의로의 착지라는 건 "필요"의 유한 공간에 수요와 공급을 한정해버린다고 하는 몇 가지 사회 이론과는 발상을 달리하고 있다. ("방법으로서의 시장 경제"를 마찬가지로 설파하는 이론의 다수는 이와 같은 필요주의적인 발상에 서 있다.)

〈인간이 살아가는 것의 기쁨〉이라는 원의적인 건 "필요"에조차도 앞선 것이면서 어떠한 "필요"의 한계도 넘어서 한없이 자유로운 형태를 띨 수 있는 것이다.

"필요"라는 컨셉은 보통, 가장 본원적인 것인 것처럼 생각되고 있다. "필요"로서 일반적으로 사회 이론에서 상정하고 있는 건, 첫째로 전형적으로는 음식, 그것으로부터 의료와 주거, 위생적인 상하수도, 기초적인 의약품, 보통 교육을 위한 시설이나 학용품, 등등이다. "풍요 사회"에서는 이것들에 더하여, 전화나 TV 등도 "필요"의 항목이 된다. 3장에서 살펴보았듯이, 이 사회에서는 이와 같은 것이 없다면 "정상적인" 사회 생활에 참가할 수 없는 구조가 되어 있기 때문이다.

이와 같은 사실은 올바르다.

필요는, 물론 무언가를 위해 필요한 것이다. 이들 기초적인 필요는 무언가를 위한 필요일까. 살기 위한 필요이다. 그래서 쾌적하게, 건강하게, 안심해서, 즐겁게, 기쁨을 가지고서 살기 위한 필요다.

중국의 오랜 말이 전하는 것은, 옛날옛날에 이상적인 사회가 있어서 거기에는 사람들이 충분하게 살아서, 사는 것에 만족해서 죽었다고 한다. 몇 년 전에 어떤 이탈리아인이 사는 것의 기쁨을 모두 맛보았다고 말하고서 행복하게 자살했다고 하는 보도를 본 적이 있다.

사는 것이 일체의 가치의 기초로서 의심받지 않는 건, 곧 "필요"라는 것이 본원적인 제1의로서 설정되어 의심받지 않는 건 일반적으로 산다는 게 어떻게 살아도 가장 단순한 기쁨의 원천이기 때문이다. 말하지 않고, 의식된다는 것조차 없이도 다만 친구들과 함께 웃는 것, 좋아하는 이성과 함께 있는 것, 아이들의 얼굴을 보는 것, 아침의 대기 속을 걷는 것, 태양빛과 바람에 신체를 맡기는 것, 이런 단순한 엑스터시의 미립자들 속에 어떠한 생활 수준의 삶도, 살지 않는 것에는 찾아낼 수 없는 기쁨을 감수感受하고[받아들이고] 있기 때문이다. 이와 같은 직접적인 환희가 없다면 사는 것이 죽는 것보다 좋다는 근거가 없어진다.

어떠한 불행한 인간도, 어떠한 행복을 맛보았던 인간도 역시 일반적으로는 사는 것에 대한 욕망을 잃지 않는 건 살고 있는 것의 밑에 깔려 있는 것과 같은 기쁨의 생소한 땅을 잃지 않기 때문이다. 혹은 그 기대를 잃지 않기 때문이다. 환희와 욕망은, 필요보다도 본원적인 것이다.

필요는 공리의 카테고리다. 곧 수단의 카테고리다. 효용은 어떠한 효용도, 이 효용이 궁극적으로 섬기는 욕망이 없다면 의미를 잃는다. 욕망과 환희를 감수하는 힘이 없다면 의미를 잃는다. 이처럼 환희와 욕망은 "필요"에조차도 앞선 것이면서, 역시 "상한"은 열려 있어서 어떠한 제약의 맞은편에라도 새로운 모습을 찾아나갈 수 있다.

"필요"의 지평으로가 아니라, 〈사는 것의 기쁨〉이라는 지평으로의 착지의 방법은, 하나의 사회 시스템의 텔레오노미(목적성)를, 한층 본원적인 지평으로 착지하는 방법뿐이어도 그것은 이 사회의 활력이 운동하는 공간의 개방성을, 유한한 것의 내부로 닫는 것은 아니다.

"코코아 퍼프"

제2의 방향으로부터의 비판은 제1의 방향으로부터의 비판과는 반대로, "소비 사회"의 부정을 찾는 입장으로부터의 비판이었다. 앞서 살펴보았듯이, 이 입장에는 시장 시스템 자체의 부정을 찾는 입장과 시장 시스템을 긍정하지만 정작 고전적인 산업주의적 시장 시스템을 "건전한" 시장 시스템으로 삼고서 현대의 "소비 사회"를, 그것으로부터의 타락이나 일탈로 보는 입장이 있었다. "소비 사회"라는 걸, 설령 "방법으로서"는 용납해버린다면, 특히 앞 절에서 살펴보았듯이 "수요의 무한 공간"을 개방하는 형태로 설정해둔다면 그것은 "정의상", 상품의 대량 소비를 불러일으키는 사회인 것이기에 제한이 없는 자원의 손모와 환경의 오염, 다른 사회의 수탈을 피할 수 없는 건 아닌가라는 것이다.

2장, 3장에서 살펴보았듯이, 현대의 "대량 소비 사회"의 외부로의 귀결에 대한, 가장 철저한, 포괄적인 비판을 했던 수전 조지의 『왜 세상의 절반은 굶주리는가』라는 작업은 앞서의 장에서, 다음과 같은 사례를 소개하고 있다. 아메리카 합중국의 의회 청문회에서 미국 농업 생산자 조합 서기장 로버트 루이스가 현대 "소비 사회"의 이윤 형성의, 전형적인 수법의 하나를 고발했던 기록이다.

"나는 주말에 대슈퍼에 사러 나가서 제너럴 밀즈사가 옥수수를 1붓셀당 75달러 47센트에 팔고 있는 걸 알게 되었다(상품명은 "코코아 퍼프cocoa puff", 원료는 옥수수 가루, 설탕, 콘시럽, 코코아, 소금 등). 이전 달의 옥수수 1붓셀당 생산자 가격은 평균 2달러 95센트였기 때문에 소비자의 손에 건네지기까지 생산자 가격의 25배가 되었다는 의미다. 제너럴 밀즈사가 "코코아 퍼프"에서 올리는 이익이 90%일까 50%일까라고……나에게는 어째도 좋지만, 옥수수 1붓셀을 소비자에게 75달러 47센트로 사게 한다는 것에 대해서는 기막힌 사회적인 허비라고 말씀드리고 싶다. 아침식사용 식품 기업 가운데서 영양면에서나 경제면에서나 도무지 어떻게 할 수 없는 걸 팔고 있는 것은 제너럴 밀즈사만이 아니다. 퀘이커 오츠사에 이르러서는 밀 1붓셀을 무려 10달러 40센트로 팔기 때문이다. 보통의 밀가루를 말입니다! 나비스코 케록, 보스츠 각 사 등도 모두 똑같습니다. 이들 아침식사용 식품 기업의 행위는 일종의 사회적인 낭비입니다만, 이게 오늘날의 식료 생산 계획이나 판매 정책의 특징이기도 합니다."

조지가 덧붙이고 있는 대로, "아메리카의 식료 수급 시스템은 양적인 소비를 종용한다는 면에서는 거의 한계에 도달해 있다. 하지만 취해야 할 길로서는, 확대나 혹은 정체로부터 붕괴로 이르는지의 양자택일밖에 없기 때문에 어쨌든 음식물의 '가격'을 올릴 수밖에 없다"는 의미다.

"영양면에서나 경제면에서나" "보통의 밀을!"이라는 파악 안에, "고전적"인 자본주의의, "현대적"인 자본주의의 원칙에 대한, 거의 윤리적인 반발을 들을 수 있다. 물론 "오래되었"기 때문에 "나쁘다"는 건 아니다. "굶주린 절반"의 세계로부터 보자면, 루이스 씨의 감각 쪽이 정상이라고 생각되는 건 당연하다. 실제로 "풍요로운" 사회들의 식료 가격이 "양적인 소비를 종용한다는 면에서는 거의 한계에 도달하고", 시장적 "가치"를 올리기 위해서는 "맛있음"의 차이를 경합하는 비즈니스가 되고, 이것이 예를 들어 육식화를 위해 현대 세계의 국제 시장의 메커니즘을 매개로 해서, (또 국제적, 국내적인 권력의 구조를 후원자로 삼아서) 가난한 나라의 토지 이용의 형태를 바꾸고, 가축이나 그 사료를 위한 토지를 설정하고 확대하기 위하여 인간을 위한 기본적인 식료의 생산에 할당되어 있던 토지를 침식하고, "자연의 재해"를 받기 쉬운 변두리 땅으로 쫓겨나고, 몇 억이라는 사람들의 기근의 주요한 원인의 하나가 되어 있는 건 3장을 통해서 살펴본 대로다. 남북 문제, 식료 문제의 전문가가 산정하는 대로, 곡물을 직접적으로 식료로 삼는 경우와 비해서, 이것을 가축의 사료화해서 육식하는 경우에는 몇 배의 곡물을 "응축해서" 소비하고 있다.

제너럴 밀즈사의 "코코아 퍼프"의 에피소드는 이런 문맥에서 말해지고 있어서, 이 문맥 전체는 전적으로 정당한 것이지만, "코코아 퍼프" 사례 자체에는 이 논리의 문맥으로는 받아들일 수 없는 부분이 있어서, 이 "초과한" 부분이 우리에게, 또 하나의 다른 논리의 차원을 열고 있는 것처럼 생각된다. 로버트 루이스가 지적하듯이, 제너럴 밀즈사는 이 당시 붓셀당 2달러 57센트였다고 하는 옥수수를 75달러 47센트로, 25배 이상의 가격으로 파는 데 성공하고 있다. 비밀의 핵심은, 첫째로 소량의(혹은 미량의) 코코아와 설탕과 소금을 쓴, 식료 디자인의 마지널한 차이화이고, 둘째로 "코코아 퍼프"라는 네이밍 자체에 있었을 것이다. (퍼프는 슈크림과 같은, 가볍게 한 과자의 이미지.) "코코아 퍼프"를 사는 세대는 "옥수수"의 영양이 아니라, "퍼프"의 즐거움을 사는 것이다. "맛있는 것"의 이미지를 샀던 것이다. 비밀의 제1의 요인, 곧 상품의 실체로서의 디자인의 차이화(맛, 색, 혀의 촉감 등등)에서조차, 도리어 제2의 요인, "코코아 퍼프"라는 이미지의 "리얼리티"를 뒷받침하기에 충분할 만큼의, 필요한 디자인이고, 거의 "알리바이"에 가까운 것이었던 건 아닌가라고 생각된다. (상품의 이미지 전략이 성행하고, 실체의 디자인이 이것을 리얼라이즈하는 방법에 불과하다는 건, 현대의 제품 개발의 사고에서는 통상적인 일이다.) "정보에 의한 부가가치"라기보다도 오히려 기본적으로 정보에 의해서 **창출된** 이미지가 "코코아 퍼프"의 시장적인 가격의 근간을 형성하고 있다.

제너럴 밀즈사가 똑같은 붓셸의 옥수수로부터 25배의 매상을 얻는다는 건, 거꾸로 말하자면 똑같은 매상을 얻기 위해 1/25의 옥수수밖에 소비하지 않는다는 것이다. 곧 이 경우에 굶주린 사람들로부터의 수탈은 그만큼 **적다**는 것이다. 부가되어 있는 소량의 코코아와 설탕과 소금, 그것에 물론 선전 자체가 소비하는 자원을 고려하지 않으면 안 되지만, "25배"라는 배율을 고려한다면 마찬가지의 이윤을 올리는 데 필요한 전체로서의 자원 소비량은, 이 상품의 경우에 절약되어 있다고 생각하는 편이 올바를 것이다. 아무것도 이 푹신푹신한 과자 메이커의 성공을 획득하는 의리에 얽매임이나 기호도 아니지만, **이론**으로서 중요한 점은 논리적인 **가능성의 문제**다. 정보화/소비화 사회라는 이 메커니즘이 반드시 그 원리로서 **불가피하게**, 자원 수탈적일 필요는 없거니와, 다른 민족 수탈적일 필요도 없다는 것, 이와 같은 **출구**의 하나인 걸, 이 사례는 거꾸로 보여주고 있다는 것이다.

양적인 소비에서 그 임계에 도달했다는 "풍요 사회"의 식품 시장에서, 새로운 수요를 창출하는 방식에는 육식화와 같은 방식도 있다면, 이미지화와 같은 방향도 있다. 자원 응축적인 방향도 있다면, 정보 응축적인 방향도 있다. 양자는 함께, 똑같은 현대의 시장 시스템의 수요에 따르는 것이고, 서로 얽혀 있는 경우도 많지만 논리적으로는 분리할 수 있는 것이고, 대체代替적이기조차 한 것이다.

〈정보화〉그 자체는 도리어, 그 일반적인 가능성에서 보자면 이 사례가 보여주고 있듯이, 현대의 "소비 사회"가 자연 수탈적이지 않고, 다른 사회 수탈적이지 않은 것과 같은 방식으로 수요의 무한 공간을 찾아내는 것을, 비로소 가능토록 하는 조건이다.

"자원 소비 없는 성장"의 가능성과 한계

그림 4.1은 20세기 아메리카의, 머티리얼(자원) 소비량의 변화를 보여주는 것이다. 그래프는 첫째로, 1950년대부터의, 곧 현대 대중 소비 사회의 성립 이후의, 자원 소비량의 증대가 얼마나 굉장한 것인지를 말하고 있다. 그러나 둘째로, 그래프는 74년을 경계로, 곧 "석유 위기" 이래 10년 동안에 걸쳐서 진폭은 크더라도 경향선으로서는 머티리얼 소비량은 증대하지 않는 걸 보여준다, 이 점은 현재의 "소비 사회"가 반드시 자원의 소비량을 계속 증대하지 않고서 상당 기간 계속하는 게 가능하다는 점을 보여주고 있는 것처럼 생각된다.

"자원 소비의 증대 없는 경제 성장"의 가장 성공적인 범례는, 70년대 석유 위기 직후의 일본일 것이다. UN 환경 회의에 대한 기조 보고에서 람팔도 이 일본의 사례를 특기特記하고 있다. 그림 4.2가 보여주듯이, 1974~82년의 기간

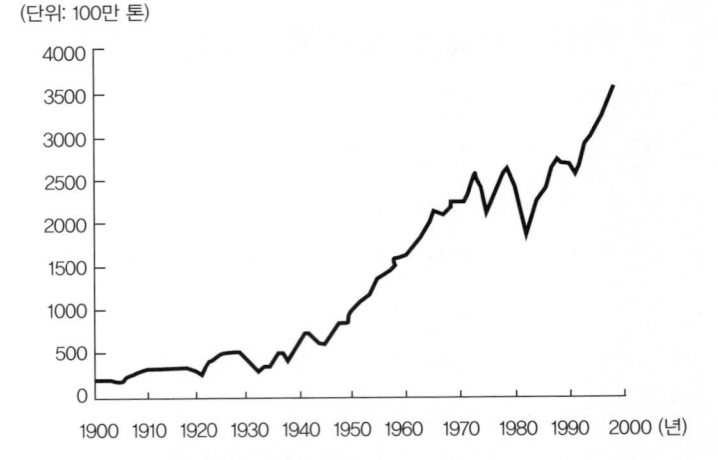

(단위: 100만 톤)

그림 4.1 20세기 미국 물질소비의 변화
Lorie A. Wagner, *Materials in the Economy: Material Flows, Scarcity, and the Environment*, U.S. Geological Survey Circular 1221, 2002, Figure 4.

에 일본은 기술 혁신을 통해서 에너지 코스트의 30% 이상의 삭감을 실현해왔다. 람팔이 기록하듯이, 이 시대의 일본이 세계에 자랑할 수 있는 성공이었다.

그렇지만 이 똑같은 그래프를, 람팔의 시점을 넘어서 20세기 끝까지 연장해보면 1982년 이래로 삭감은 정지해버리고 있음을 알 수 있다. 20세기 종반기 이래의 일본의 산업계에서는 에너지 코스트의 삭감이 이미 "임계"인 것을 말하고 있다. 1970년대의 기술 혁신대로 해온 "민생 부문", 혹은 운수 부문에서의 획기적인 기술혁신, 시스템 혁신에 의해서 이 구부러진 선이 21세기 안에 또 한 번이나 두 번, 두 번째 밑바닥, 세 번째 밑바닥을 보일 가능성을 상정할 수는

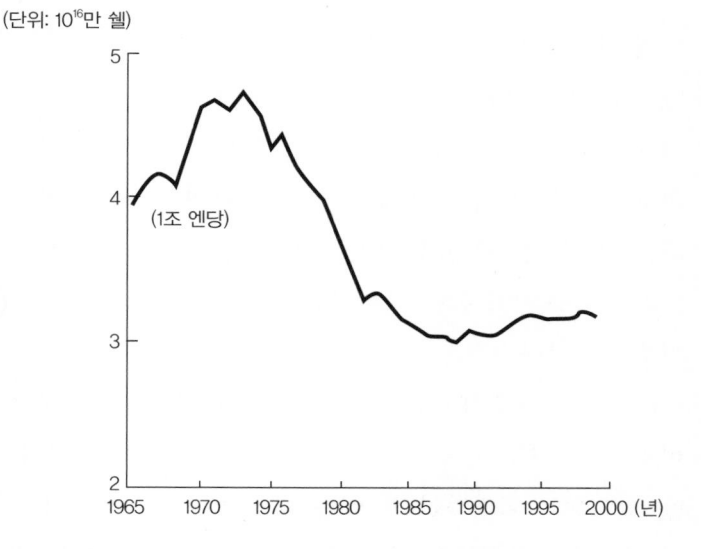

(단위: 10^{16}만 쉘)

(1조 엔당)

그림 4.2 일본의 실질 GDP(2000년 가격, 조 엔)당 최종 에너지 소비
경제산업성 자원에너지청 편『헤이세이平成 21년도 에너지에 관한 연차 보고』
(『에너지 백서 2010』)로부터 작성(자원에너지청 장관 관방종합정책과 편 『종합 에너지 통계』, 경제기획청 편 『국민 경제 계획 연보』, 일본에너지경제연구소 계량분석 유닛 편 『에너지 · 경제 통계 요람』).

있지만, 이 가능성을 시야에 넣어도 거시적으로 보자면 테 크놀로지에 의한 에너지 코스트의 삭감에는 한계가 있을 것이라는 점을, 이 그래프는 보여주고 있다고 생각해두는 편이 좋을 것이다.

그림 4.1의 아메리카에서의 머티리얼 소비의 성쇠를, 마 찬가지로 20세기 끝까지 연장해서 추적해보면 여기서도 또 한 석유 위기 10년 동안의 억제 뒤에 1990년대에는 거의

이 억제를 상쇄해버리는 위치의 리바운드를 보임을 알 수 있다. 또한 1970년, 80년대의 세 가지 "골짜기"를 검토해보면 아메리카 경제 성장의 세 가지 "후퇴" 시기와 각각 대응하고 있다. 이 결과는 현재의 경제 시스템이 정의하고 요구하는 것과 같은 모습의 "성장"과 머티리얼 소비의 억제 사이의 양립을 지속하는 건, 사실로서 매우 곤란하다는 걸 보여주고도 있다.

이 점들을 종합해보면, 우리는 두 가지 현실적인 결론을 이로부터 끄집어낼 수 있다. 첫째로, 〈정보화/소비화 사회〉는 그 자원적/환경적인 "한계"를, 다양한 방식을 통해서 상당 정도까지 현실적으로 원격화할 수 있다는 것, 그렇지만 둘째로, 이 가능성에, 인간은 영구적으로 계속 의존할 수는 없을 것이라고 하는 점이다.

이 제2의 결론을, 20세기의 경험 전체를 근거로 한 위에서, 포지티브한 방식으로 세운다면 다음과 같이 정식화할 수 있다.─〈자유로운 사회〉라는 이념을 버리지 않고서, 현재 있는 것과 같은 모습의 "성장" 의존적인 경제 구조=사회 구조=정신 구조로부터의 해방의 길을 찾아낸다는 게 21세기의 인간에게 절실하게 현실적인 과제로서 나타난다.

정보화와 "외부 문제". 방법으로서의 정보화

앞 절의 두 가지 결론을, "정보화"라는 주제로 끌어당겨서 이름을 붙인다면 다음 두 가지 문제군으로서 제기된다.

첫째로, 현대의 〈정보화/소비화 사회〉의 "한계"로서 나타나는 자원/환경 문제를, 당분간 현실적으로 원격화하기 위한 방법으로서, "정보화"의 모든 측면의 가능성을 추구하는 것.

둘째로, 현재의 "성장" 의존적인 경제=사회=정신 구조로부터의 탈출의 길을 찾아내는 탐구 속에서, "정보화"라는 컨셉의 전 사정거리를 끝까지 지켜보는 것.

이하의 몇 절에서는 이들 논점을 하나하나 고찰해가려한다.

정보화의 "외부 문제"와의 관련을, 적극적인 가능성이라는 측면에서 본다면 세 가지 양상을 가진 것으로서 정리할

수 있다. 첫째로, 우리의 사회 시스템과 그 활동의, 대외부
적인(자연과 다른 사회에 대한) 귀결을 인식하는 정보로서. 둘
째로, 보다 외부 수탈적이지 않은 형태를, 개개의 제품으로
부터 전 사회적, 전 세계적인 시스템의 구상에 이르는 다양
한 수준에서, 설계하는 정보로서의. 이 두 가지는 함께, 수단
으로서의 정보여서, 협의의 "정보" 컨셉은 이 두 가지 양상
으로 한정되어가지만, "코코아 퍼프"의 에피소드를 매개로
해서 우리가 살펴본 건 정보의 제3의 양상이다. 곧 정보는
자기 목적적으로 행복의 형태로서, 소비의 시스템에게 자
원 수탈적이지 않고, 다른 사회 수탈적이지 않는 방식으로
수요의 무한 공간을 연다. 혹은 시장 시스템을 전제로 하지
않는, 인간의 사회의 한층 본원적인 수준에서 말하자면 그
것은 유한한 물질계를 살아가는 인간에게, **행복의 무한 공간**
을 연다. 정확하게는 행복의 형태 창조의 무한 공간을 연다.
자원은 유한하지만, 정보는 무한하기 때문이다. 마테리는
유한하지만 이데는 무한하기 때문이다.

　"순수 이성"/"실천 이성"/"판단력", "인지적"/"의지적"/"탐
미적" 등등의 여러 이론을 재구성하는 건 여기서의 과제가
아니기 때문에 생략하고서 정보에 대해서만 말하자면, 정
보는 기본적으로 3가지의 종류, 혹은 작용(기능)을 갖는다.
첫째로 **인식 정보**(인지 정보. 지식으로서의 정보), 둘째로 **행동**
정보(지령 정보. 프로그램으로서의 정보), 셋째로 **아름다움으로**

서의 정보(충족 정보. 기쁨으로서의 정보). "외부 문제"에 대한 정보화의 적극적인 관련의 세 가지 양상은, 물론 일반적인 정보의 세 가지 종류 혹은 작용의 형태에 대응하고 있다.

첫째로, 인식으로서의 정보에 대해. 지구적인 규모에서 인과의 관련의 복잡함에 연동하고 있는 현대의 환경 문제, 자원 문제, "남북 문제" 등에 대해서는 고도로 효율화되고, 시스템화된 정보 능력의 전개 없이는 대처할 수 없다. 거꾸로 말하자면, 우리 시대가 수중에서 할 수 있는 고도의 정보 능력은 정작 이와 같은 필요에 대처하는 능력으로서 목적의식적으로 개발되어야 한다.

오늘날의 이와 같은 과제에 대응하는 정보의 모니터링의 대표적인 건 국제연합 환경 계획(UNEP)을 중심으로 하는 "지구 환경 모니터링 시스템(GEMS)"에 의해서 이루어지고 있다. 이것은 WHO(세계 보건 기구), 유네스코, WMO(세계 기상 기후) 등등과 제휴하여 공기, 물, 식료, 인체에 대한 영향, 생태계에 대한 영향이라는 5가지 프로젝트로 이루어진 모니터링 계획이다. WMO에서는 별도로, 세계 기상 감시 계획, 전 지구 대기 감시 계획을 수행하고 있다. 이들 모니터링을 기초로 해서, GCOS/GOOS/GTOS(지구 기후 관측 시스템/지구 해양 관측 시스템/지구 육지역 관측 시스템)라는 연관된 지구 관측 시스템의 정비가, 국제 학술 연합 회의(ICSU)나 UN의 여러 기관을 중심으로 해서 진행되고 있다. 지구 자원 정보 데이터베이스는 자원 문제를 포함한 데이터를 통합하여, 각 국의 연구자나 정책 결정자에게 제공하고 있다. 민간에서도 지구의 벗, 그린피스, 세계 자연 보호 기금(WWF) 등 이외에, 유해무익한 의약품의 추방을 위한 "건강을 위한 국제 감시 네트워크", 제3세계 사람들을 유해한 상품, 기술로부터 지키는 것 등을 목적으로 하는 "컨슈머 인터폴", 유해한 농약을 감시하는 "국제 농약 행동 네트워크" 등의 국제 조직이 각각에 독자적으로 환경, 자원 정보의 수집, 교환, 분석, 평가, 보급의 활동을 하고 있다. (월드워치 연구소 『지구 백서』 1995/96년 판. 환경청 『환경 백서』 95년 판, 石弘之, 앞의 책 등)

그렇지만 이와 같은 관측과 평가의 활동도 국제적인 환경, 자원, 빈곤 문제의 진행 페이스를 쫓아가는 데 어렵다는 게 지적되고 있을 뿐만 아니라, 특히 빈곤이나 기근 문제의 인과 연관의 분석과 평가에 대해서는 속수무책인 과제가 많이 남아 있다.

"외부 문제"는 대부분 그 정의상, 직접적으로 보이지 않는 문제, 잘 보이지 않는 문제, 적어도 발생 경로가 잘 보이지 않는 문제이기 때문에 이 직접적으로 잘 보이지 않는 걸 보는 건 인식 정보(지식)에 의지할 수밖에 없다. "현대 사회"는 사람들의 생활의 객관적인 관계 사슬을 전 지구적인 것으로까지 확대했다. 그렇지만 사람들의 주관적인 시야의 직접성은 한정되어 있다. 이 관계의 객관성/주관성의 갭으로부터 환경·공해 문제도, 자원·에너지 문제도, 다른 사회에 대한 반드시 늘 악의가 있는 게 아닌 수탈도 형성되어 있다고도 말할 수 있다. 이 관계/시야의 갭을 메우는 건 정보 미디어를 매개로 해서 비로소 가능한 것이다.

둘째로, 설계 정보에 대해서. 정보는 지식으로서뿐만 아니라, 행동을 디자인하고 콘트롤하고 프로그램하는 힘을 갖는다. 이 프로그램은 제품 설계서부터 글로벌한 제어 시스템의 구성에 이르는 모든 수준을 갖는다.

앞 절에서 살펴본, 20세기를 통한 아메리카의 자원 소비량의 변화 그래프로 되돌아가서 보자면, 1974년을 꼭지점으로 하는 대경향선의 현저한 변화는 적어도 그 주요한 일부를, 에너지 위기에 대한 대처로서의, 머티리얼 효율/에너지 효율을 의식한 제품 설계의 사고 방식의 보급 속에 볼 수 있다. 이 위기 뒤에, "새로운 조명, 냉온방, 단열, 제조 기술에 의해서 많은 분야에서 에너지 사용량을 3/4, 혹은 그 이상으로 감축하는 게 가능해졌다."(『지구 백서』 1995/96)

시장 시스템을 전제로 하는 이상, 이와 같은 디자인 정보의 가치에 대한 사고 방식과 룰을 근본에서부터 변경하지 않으면 안 되거니와, 또한 변경하는 게 가능하다는 걸 양게와 섹스는 지적하고 있다(동 백서). 건축 설계를 예로서 에 이모리 로빈스가 주재하는 로키 마운틴 연구소가 시뮬레이션한 바로는, 머티리얼 효율/에너지 효율을 철저하게 추구한 통합적인 설계 빌딩은 똑같은 크기의 빌딩보다도 25% 바닥 면적을 증가하고 냉온방, 조명, 환기 등등의 런닝 코스트도 당연히 감쇄할 수 있어서 종래의 것보다도 3배나 든다고 보이는 설계 비용은 곧바로 회수할 수 있다. 현재는 설계 기술의 보수는 프로그램 예산 전체에 대한 비율에 근거해서 결정되는 게 보통이지만, 그것은 규모를 과대로 함으로써 보상받는 관행이다. "캐나다의 전기회사 온타리오 하이드로는 이와 반대의 어프로치를 취하여 최근에 다음과 같이 발표했다. 일정한 에너지 효율 표준을 만족시킨 설계에는 3년 동안의 에너지 절약액에 상당하는 반환금을 보수로서 지불한다.……설계 보수를 최종 제품─빌딩의 에너지 효율의 실적─에 근거해서 결정함으로써 회사는 설계자가 프로젝트에 계속 관계하면서 자신의 아이디어가 건물의 건설, 운영, 유지 기간을 통해서 적절하게 실시되는지 여부를 확인하도록 인센티브를 주었던 것이다."(같은 책)

외부 수탈적/비수탈적 디자인 정보에 대해서, 시장 경제적인 플러스 마이너스의 인센티브를 주는 구체적인 방법은 월드워치 연구소에서도, 다른 여러 기관이나 연구자들에 의해서도 갖가지로 추구되고 있거니와, 몇 가지 것은 통상의 방식 안에 짜넣어질 것이다. 회계 감사라는 시스템이 통상화하고 있는 것과 똑같이, 머티리얼 감사라고도 불려야 할 시스템이 가능하다는 걸 양그와 섹스는 지적하고 있다. 머티리얼 감사는 기업뿐만 아니라, 제품 검사서부터 제품 종류, 프로젝트, 국가적 및 국제적인 경제 활동의 총체에 이르는, 갖가지 수준에서 구상할 수 있다.

　카프나 우자와 히로후미宇沢弘文에 의해서 전개된 "사회적 비용"이라는 컨셉과, 이에 근거한 풀코스트 프라이싱이라는 사고 방식도 상품의 외부 수탈성에 대한, 시장 시스템 내부의 플러스 마이너스의 인센티브에 의한 콘트롤 방식의 하나라는 문맥에서 볼 수 있다. "사회적 비용"이란, 예를 들어 자동차 1대당의 코스트를 고려하는 경우에, 직접적으로 그 차를 제조하는 데 필요한 원재료비, 인건비, 공장이나 기계 설비의 상각비 등만이 아니라, 자동차의 주행을 위해 필요한 도로망의 건설비, 유지비, 공해나 교통사고, 보행자나 주변 주민이 받는 피해 따위 전체를 "비용cost"의 컨셉에 포함해야 한다는 사고 방식이다. 풀코스트 프라이싱은 이와 같은 한 상품의 "사회적 비용"을, 납세자나 피해 주민에게 전가하는 게 아니라, 상품 사용자 자신이 부담하도록 미리 이 상품의 가격 설정 안에 내부화해둔다는 원칙이다(카프 『환경 파괴와 사회적 비용』, 宇沢弘文 『자동차의 사회적 비용自動車の社会的費用』). 그것은 이와 같은 "사회적 비용"(외부에 강요하는 희생)을 줄이려 하는 설계 정보에, 합리적으로 근

거지워진 인센티브와 그 기준을 부여하게 될 것이다. 사회
적 비용의 컨셉은 정확히 말하자면, 미야모토 켄이치宮本憲
一도 지적하듯이 "사회적 손실" 자체와, 그걸 방지하고/보
상하기 위한 비용이라는 별개의 컨셉으로 분리할 수 있다
(사회적 비용의 "제1 정의"와 "제2 정의"). "제1 정의"(사회적 손
실) 자체는 인명이나 건강 등등, 화폐로 환산할 수 없는 걸
포함해서 완전하게 산정하는 건 불가능하지만, "제2 정의"
(방지/보상 비용)는 이론적으로는 계산에 집어넣는 게 가능
하다(宮本憲一, 앞의 책)

 "사회적 비용"과 풀코스트 프라이싱의 사고 방식을, 머티
리얼 감사의 기준 안에 집어넣어서 온타리오 하이드로사가
하는 것과 같은 설계 보수의 방식과 결합한다면 외부 수탈
적이지 않은 방향으로의 디자인 보수에 대한, 강력하고 수
미일관한 인센티브 시스템을, 시장 경제라는 전제 위에서
구상할 수 있다.

 정보화는, 자원/에너지 소비적인 상품, 서비스를 직접적
으로 대체해버릴 수도 있다. 전자 문서화나 텔레커뮤니케
이션에 의한 "페이퍼리스화", 인간이나 물재의 이동을 생략
하는 "교통의 통신화" 등은 그 전형이다. TV 회의 시스템의
외부 효과에 대한 체신부의 시산試算을 예로 들자면, 1990
년대 중반의 기술 수준으로, 일정수(약 4만 단말기)의 보급
을 전제로 한다면 출장횟수의 감소 등에 의한 운수 부문의

대체를 통해서 (이걸 사용한 회의 때문에) CO_2 배출량을 약 1/9로 저감할 수 있다. 등등.

전 지구적인 수준에서의 외부 비수탈적인 시스템·프로그래밍 구상의, 20세기 말 무렵의 대표적인 구체 예를 보자면, GATT의 "무역 원칙"에 비견하는 기초적인 "환경 원칙"을, 지구 환경 기관(GEO)으로 불려야 할 새로운 기관을 중심으로 해서 수립하는 걸, 댄 에스디가 제안하고 있다. 『지구 백서』(95/96)는 이와 같은 원칙으로서, 앞의 사회적 비용에 근거한 풀코스트 프라이싱 원칙과 함께, 예방의 원칙—경우에 따라서는 최종적인 과학적 확증을 기다리지 않고 예방책을 택하는 결정을 해야 하는 것—이나, 시민 참가 권리의 원칙을 들고 있다. 92년의 UN 환경·개발 회의의 선언에서는 각국 정부가 이미 이 원칙들을 승인하고 있다. 그렇지만 구체적인 무언가의 기관에게, 그 실행을 추진하는 임무를 부여하지는 않았다.

"정보화"라는 것의 가능성의 제3의 양상에 대해서는 절을 달리해서 살펴보자.

정보 컨셉의 두 가지 위상

현대 사회의 이론으로서의 정보 사회론의 계보를 보자면, 두 가지 초점을 볼 수 있다. 하나는 〈탈산업 사회론〉으로서의 정보 사회론인데, 몇 세기 동안 인류 사회 전체를 향도하고 지배해온 "산업주의적"인 사회의 경제 전체의 저쪽을 조망하는 시좌視座다. 또 하나는 〈고도 산업 사회론〉으로서의 정보 사회론인데, 산업 사회의 원리 내부에서 정보 기술들의 고도화의 임팩트를 논하려 하는 것이다. 양자는 모순되는 게 아니라 문제의 소재를 달리할 뿐이지만, 양자가 그 이론의 핵심에 두는 정보 컨셉은 위상의 어긋남 같은 게 있다. 이 위상의 어긋남이 명시화되지 않는다면, 전자가 전개하는 탈산업 사회적인 사회에 대한 상상력이 실제상으로는 후자가 전제하는 고도화된 산업 사회의 형태 안에 한정되고 회수되게 될 것이다.

정보 컨셉을 철저하게 이론화한 요시다 타미토吉田民

人는 정보의 광의의("최광의의") 컨셉으로서, 이걸 "물질"의 對對 개념으로서, 모든 현상의 근본 카테고리로서 규정하고 있다. 위너의 정보 이론을 본보기로 해서, "물질-에너지의 시간적 · 공간적, 정성적 · 정량적인 〈패턴〉"으로서 정의되는 이 광의의 정보 컨셉은 철학사의 근본 카테고리인 마테리/이데에서의 〈이데〉에 해당하는 것으로서 파악할 수 있다. (요시다는 물질과 에너지가 똑같은 것의 변환체에 불과하다고 하는 [올바른] 인식을 전제로 하고 있기 때문에 "물질-에너지"를 [문맥에 따라서] 모아서 그저 "물질", "[사]물物"로 표기하고 있다. 또한 요시다의 표기 자체에서는 정보는 "물질-에너지와 병행하는 자연 현상의 근본 카테고리"인데, 그의 입장에서는 이 곧바로 뒤에서 명기하고 있듯이 "자연 현상"은 사회 현상, 언어 현상을 포함한다.) 그리고 요시다는 물재가 그 기능보다도 색채나 디자인에서 평가된다는 "정보화 사회"의 특징 규정은 이 (최광의의) 정보 컨셉을 전제로 하고 있는 걸 지적하고 있다.(吉田民人『정보와 자기 조직성의 이론情報と自己組織性の理論』『자기 조직성의 정보 과학自己組織性の情報科学』)

이 광의의 정보 컨셉은 당연히, "정보량"(비트)이라고 하는 것과 같은 단위로 환원되는 게 아닌 건 물론, 일본의 일상 용어가 함의하는 것과 같은 수단적(효용적)인 "정보"라는 컨셉으로도 한정되지 않는다.

우리는 앞 절에서 "정보화"가 외부 문제와 관계하는 것의 가능성 안에 두 가지 양상, 인식으로서의 정보와 **설계로서**의 정보에 대해 고찰했다. 이것들은 동시에 수단으로서, 효용으로서의 정보다.

그렇지만 "정보 사회론" 안에 가장 커다란 사정거리를 갖는 발상이 펼쳐 보일 가능성은 정보라는 컨셉의 제3의 양상, 효용으로서의 정보의 저쪽편의 양상, 미美로서의 정보, 직접적으로 그 자체로서의 기쁨인 것 같은 비물질적인 것의 양상을 **포함한** 컨셉을 요청하고 전제하고 있다.

아이들은 성장하지 않으면 안 되지만, 성장한 뒤에도 성장이 **멈추지 않는** 건 위험한 징후이고, **무한하게** 계속 성장하는 건 기형밖에 되지 않는다. 하물며 계속 성장하지 않으면 생존하지 못한다는 체질은 죽음에 이르는 병이라고 할수밖에 없다.

성장한 뒤에도 계속 성장하는 게 건강한 건 "비물질적"인 여러 차원—지성이나 감성이나 혼의 깊음 같은 차원뿐이다. 사회라는 시스템에 대응을 찾으려 한다면 이 광의의 〈정보〉 영역이라는 컨셉에 의해서, 오늘날 우선은 그 이름을 부여하고 있는 여러 차원뿐이다. "정보화 사회" 이론 안의 이 커다란 사정거리를 가진 발상이 우리 앞에 열려 있는 건 사회 시스템의, 〈성장 뒤의 성장〉 가능성에 대한, 이와 같은 전망인 것처럼 생각된다.

"환경 위기의 유일한 해결책은," 환경 파괴적이지 않은 생활 방식을 통해서 "자신들은 지금보다도 행복해지는 것이라는 통찰을 사람들이 나누어갖는 것이다"라고, 이반 일리치는 이야기하고 있다.

이 생각은 올바르더라도, **통찰의 베이스가 되는 경험**이 사람들 안에 없다면 이 통찰을 공유하는 건 불가능하다. 이와 같은 적극적인 확신의 기초가 될 수 있는 경험은, 혹은 그와 같은 경험의 에센스로서의 행복의 미각과 같은 건 협의의 "정보"와 같은 것으로서 측정된다든지 전달된다든지 할 수 없는 것이다.

정보의 의미는 일반적으로 〈볼 수 없는 것〉, 〈안 보이는 invisible 것〉을 〈볼 수 있는 것〉으로서 (명확히) 경험시킨다는 데 있다고 말할 수 있거니와, 현대 사회 시스템의 "외부 문제"와의 관계로 말하자면, 〈눈에 보이는〉 행복으로 되돌려서 〈눈에 보이지 않는〉 행복을 해체하는 시스템에게 눈을 열게 하는 것이라고 말할 수 있지만, 이 〈눈에 보이지 않는 것〉은 공간적으로 먼 지역의 사람들에게 전가되어 있기 때문에 눈에 보이지 않는 것, 시간적으로 몇 년이나 몇 세대나 뒤의 귀결이기 때문에 눈에 보이지 않을 뿐만 아니라, 사물로서 존재하지 않기 때문에 눈에 보이지 않는 것, 측정하고 교환하고 환산할 수 없기 때문에 눈에 보이지 않는 것인 게 있다. 이 모든 눈에 보이지 않는 것, 눈으로 보기 어려운 것에 대한 시력을 획득할 필요가 있더라도 그건 이처럼, 측정하고 교환하고 환산할 수 없는 것에 대한 시력, 곧 〈둘도 없는 것〉에 대한 시력을 포함하지 않으면 안 될 것이다. 그리고 이 〈둘도 없는 것〉이라는 영역은 〈정보〉라는 컨셉의 가능성의 핵심에 있는 것이면서 〈정보〉라는 컨셉을 뛰어넘어버릴 수밖에 없다고 하는 역설적인 출구를 열고 있는 것처럼 생각된다.

비물질적인 것의 공간에 대한 시야의 개방이라는, 정보화 사회 이론의 가장 커다란 사정거리를 철저하게 전개한다면 이 정보 컨셉의 핵심에 있어서 컨셉을 반전하는 것, 지와 감수성과 혼의 깊이의 영역으로 향해서 대낮처럼 경험되어 있는 것이면서 이름을 부여받지 못하는 영역으로 향해서 정보라는 컨셉 자체를 근거로 해서 구멍을 뚫어갈 수밖에 없을 것이다.

〈단순한 지복至福〉, 이륙과 착륙

정보화/소비화 사회라는 사회의 존재 방식이 미래의 가능성을 향해서, 원리적으로는 한계 없이 열렸던 걸 살펴보았다. 열려 있는 것의 근거는 소비 사회라는 측면에서 보자면, 그게 생산의 자기 목적이라는 "산업주의적인 광기"로부터의 탈출이라는 데 근거해 있고, 정보화 사회라는 측면에서 보자면, 그게 "물질주의"적인, 따라서 외부 수탈적일 수밖에 없는 가치관과 행복의 이미지로부터의 탈출인 데 근거해 있었다.

이 장의 전반부에서 우리는, "소비 사회"라는 사상과 시스템이 정당하고, 해방인 한의 근거를 철저히 밝혀내가는 작업을 통해서 "소비"라는 컨셉의 가능성에 핵심에 있으면서 이 관념 자체를 근거로 해서 구멍을 뚫어버리는 원의原義와 같은 것으로서, 〈삶의 직접적인 충만과 환희〉라고도 해야 할 컨셉을 만들어왔다.

이 장의 후반부에서 우리는, "정보화 사회"라는 시스템과 사상이 정당하고 해방인 한의 근거를 철저히 밝혀내가는 작업을 통해서 "정보"라는 컨셉의 가능성에 핵심에 있으면서 이 관념 자체를 구멍을 뚫어버리는 본원적인 영역과 같은 것으로서, 머티리얼한 소비에 의존하지 않는 지와 감수성괴 혼의 심도 같은 공간의 넓이를 찾아내왔다.

정보화와 소비화 사회라 불리는 우리의 탈산업화적인 사회의, 이와 같은 적극적인 가능성의 핵심을 추구해간다면 그건 우리에게, 어떠한 긍정적인 삶의 형태로 향하는 자유를 열어 보여줄까.

〈소비〉 컨셉의 가장 철저한, 비타협적인 추구자였던 바타이유는 예전의 이 〈소비〉 관념의 긍정형의 전회라고도 말해야 할 형식이자 동시에, 그 자체로서 한층 더 원래적인 근거이고 지평인 것의 표현으로서, 〈지복한 것La souveraineté〉이라는 컨셉에 도달하고, 3부작의 제3부를 이 컨셉을 부제로 삼아서 전개하고 있다. 지고성이란 〈모든 효용과 유용성의 저편에 있는 자유의 영역〉이고, 다른 무언가의 수단이 아니라 그 자체로서 직접적으로 충만이고 기쁨인 것과 같은 영역이다. 바타이유는 이와 같은 〈지고한 삶〉으로서 "예를 들어 그것은 아주 단순하게 어떤 봄날 아침에 궁상맞은 거리의 길의 풍경을 불가사이하게 한꺼번에 바꿔버리는 태양의 찬란한 비침에 다름 아닌 것이기도 하다"라고 말하고 있다.(『지고성』)

바타이유의 이 아침 햇살이라는 단순한 지복至福 속에, 가장 사치스럽고 호화로운 〈소비〉의 극한의 하나를 보고 있다. 다른 어떤 수단도 없이, 측정되지 않고 환산되지 않는 삶의 직접적인 기쁨의 하나의 극한 형태를 보고 있다. 그렇지만 이 삶의 "직접적인 요소", "우리의 마음을 황홀하게 만드는 요소"는 어떠한 대대적인 쾌락이나 행복의 장치도 필요로 하지 않는 것이고, 어떠한 자연이나 타자로부터의 수탈도, 해체도 필요로 하지 않는 것이다.

바타이유와는 대극적인 자질을 가진 사상가인 이반 일리치는, 앞에서 살펴보았듯이 "외부 문제"를 해결하는 단 하나의 방법은 우리가 "자립 공생적convivial"인 삶의 방식을 획득하는 데 있거니와, 이 점에 의해서 우리는 지금보다도 행복해진다는 통찰을 사람들이 나누어갖는 데 있다고 적고 있는데, 이처럼 "자립 공생적"인 삶의 양식을 다른 곳에서는 "기쁨으로 충만한 절제와 해방하는 금욕joyful soberiety and liberating austerity"이라는 방식으로 표현하고 있다.

일리치가 여기서 표현하려 하고 있는 〈기쁜 것〉, 〈자유로운 것〉의 형태는, 바타이유의 비범한 사고가 제시하는 극한의 하나의 형태와, 다른 방향으로부터 접근해서 교차하려 하고 있다. 그렇지만 바타이유는 이 단순한 지복이라는 경험의 에센스의 땅에, 금욕의 길을 통해서가 아니라, 그와는 반대의 길을 통해서 도달하고 있다. 기쁨의 추구라는 걸 통해서, 단 실은 **비범한** 방식으로, 어떠한 유통하는 관념에도 구속받지 않는 방식으로 추구하는 걸 통해서 도착하고 있다.

우리의 정보와 소비 사회는 실은 생산의 저편에 있는 것, 머티리얼한 소비에 의존하는 행복의 저편에 있는 걸, **비범한** 방식으로 추구한다면 그건 이만큼 많은 외부를(자연과 타자를) 수탈하고 해체하는 걸 필요로 하지 않는 것이라는 걸 찾아내야 할 것이다. 실은 이와 같은 자연과 타자와의, 존재만을 불가결한 것으로서 필요로 하고 있는 걸, 타자가 타자이고, 자연이 자연이라는 방식으로 존재하는 것만 필요로 하고 있는 것이라는 걸 찾아내야 하는 것이다.

결 : 정보화/소비화 사회의 전회

현대의 정보화/소비화 사회라는 거대한 역사의 실험이, 대중적인 규모에서 실증하고 있는 건 인간은 어떤 것도 욕망할 수 있거니와, 인간이 찾아낸 행복의 형태에는 한도가 없다는 것이다.

1장에서 살펴보았듯이, 현대의 정보화/소비화 사회는 정작 이 인간의 욕망과 감수 능력의 본원적인 **자유와 가역성**을 근거로 해서 그 지속하는 "번영"을 전개해왔다.

그것이라고 한다면 우리는 이 정보화/소비화 사회가 의거하는 근거, 인간의 욕망과 감수 능력의 가역성과 자유라는 것 자체를, 근거로 하고 기축으로 해서 방향을 전회하는 것, 자연 수탈적이지 않고, 타자 수탈적이지 않는 듯한 방식의 생존 미학의 방향으로, 욕망과 감수 능력을 전회하는 것도 또한 가능할 것이다.

"소비 사회"라는 사상과 시스템에 올바름의 근거가 있는 건, 그게 생산의 자기 목적화라는 광기로부터 인간을 자유롭게 하는 한에서였다. 〈소비〉 컨셉을 철저화해간다면 그건 우리를, 모든 종류의 효용과 수단주의적인 사고의 저편에 있는 것으로 향해서 해방시켜간다.

"정보화 사회"라는 시스템과 사상에 올바름의 근거가 있는 건, 그게 우리를 머티리얼한 소비에 의존하는 가치와 행복의 이미지로부터 자유로워지는 한에서였다. 〈정보〉 컨셉을 철저화해간다면 그건 우리를, 모든 종류의 물질주의적인 행복의 저편에 있는 것으로 향해서 해방시켜간다.

그렇지만 소비의 관념은 아직, 현재는 정보라는 컨셉의 투철이 우리를, 해방시켜가기 이전의, 머티리얼한 소비에 의존하는 행복의 이미지에 구속받고 있다. 정보의 관념은 아직, 현재는 소비라는 컨셉의 투철이 우리를 해방시켜가기 이전의 효용적, 수단-주의적인 "정보"의 이미지에 구속받고 있다.

우리는 역시 〈정보화/소비화 사회〉의, 과도적인 모순에 가득찬 입구에 서 있다고 말할 수 있다.

소비 컨셉이 열어젖혀서 보여주는 지평을 그 지평으로서, (수단주의적인 빈곤으로부터 자유로운 방식으로) 정보화의 컨셉을 전회한다면, 그리고 정보화의 콘셉이 열어젖혀서 보여주는 지평을 그 지평으로서, (머티리얼 수탈적인 행복의 이미지로부터 자유로운 방식으로) 소비 컨셉을 전회한다면 이 정보와 소비 컨셉의 결합이 한꺼번에 열어젖혀서 보여주는 세계는 적어도 현재 있는 것과 같은 모습의 〈정보화/소비화 사회〉의 지평을, 몹시 부자유로운 것으로서 되돌아볼 수 있는 공간일 것이다.

　그건 어떻게 자연 해체적이지도 아닌 것과 같은 방식으로, 어떻게 타자 수탈적이지도 않는 것과 같은 방식으로 저 직접적인 것의 환희의, 무한하게 변환變幻하는 것도, 무한하게 변환하지 않는다는 것도 모두 자유로운 듯한 세계를 살아가는 것으로의 출구를, 우리에게 열어서 보여줄 것이다.

참고 문헌

제1장

보드리야르, 『소비 사회의 신화와 구조消費社会の神話と構造』, 今村仁司/塚原史 訳 紀伊國屋書店 1979, 1992(Baudrillard, J.: *La societé de consommation*, 1970)

롤랑 바르트, 『모드의 체계モードの体系』佐藤信夫 訳 みすず書房 1972 (Barthes, R.: *Système de la mode*, 1967)

롤랑 바르트 『신화 작용神話作用』篠沢秀夫 訳 現代思潮社 1967(Barthes, R.: *Mythologies*, 1957)

리스먼 외, 『고독한 군중』, 동서문화사, 2016(Riesman, D. et al.: *The Lonely Crowd*, 1950)

리스먼 『무엇을 위한 풍요何のための豊かさ』 加藤秀俊 訳 みすず書房 1968(Riesman, D.: *Abundance for What?* 1964)

갈브레이스, 『풍요한 사회』, 한국경제신문사, 2006(Galbraith, J. K.: *The Affluent Society*, 1958)

맥루한『인간 확장의 원리人間拡張の原理』後藤和彦/高儀進 訳 竹內書店新社 1967(McLuhan, M.: *Understanding Media*, 1965)

內田隆三『소비 사회와 권력消費社会と権力』岩波書店 1987

마르크스, 『경제학 비판 요강』, 그린비, 2007(Marx, K.: *Grundrisse der Kritik der Ökonomie*, 1857-58)

마르크스, 『자본』, 길, 2008(Marx, K.: *Das Kapital*, 1867-94)

베버, 『프로테스탄티즘의 윤리와 자본주의 정신』, 현대지성, 2018(Weber, M.: *Die protestantishe Ethik und der >Geist< der Lapitalismus*, 1904-05)

竹田青嗣『요스이의 쾌락陽水の快樂』河出文庫 1990

제2장

카슨,『침묵의 봄』, 에코리브르, 2011(Carson R.: *Silent Spring*, 1962)

메도즈 외,『성장의 한계』, 갈라파고스, 2012(Meadows, D. H. et al.: *The Limits to Growth*, 1972)

아메리카 합중국 정부 특별 조사 보고,『2000년의 지구西曆二000年の地球』逸見鎌三, 立花一雄 監訳 家の光協会 1980(*The Global 2000 Report to the President*, 1980)

월드워치 연구소의 연차 보고,『지구 백서地球白書』ダイマモンド社 1987 ~각 년(Worldwatch Institute: *State of thr World*, 1984~)

람팔 『지구 에식스地球エシックス』 江口陽子 監訳 講談社 1992년 (Ramphal, S.: *Our Country, The Planet*, 1992)

石牟礼道子『苦海淨土』講談社 1969(講談社文庫版 1972)

原田正純『水俣病』岩波新書 1972

原田正純『水俣病は終っていない』岩波新書 1985

石弘之『地球環境報告』岩波新書 1988

험프리/버틀,『환경 · 에너지 · 사회―환경사회학을 찾아서環境 · エネルギ ー · 社会―環境社会学 求めて』滿田久義/寺田良一/三浦耕吉郎/安立 淸史 訳 ミネルヴァ書房, 1991(Humphrey, C. R. & Buttler, F. R.: *Environment, Energy, and Society*, 1982)

宮本憲一『環境経済学』岩波書店 1989

飯島伸子 編『環境社会学』有斐閣 1993

제3장

수전 조지『세상의 절반은 왜 굶주리는가なぜ世界の半分が飢えるのか―食糧危機の構造』小南祐一郎/谷口真里子 訳 朝日新聞社 1984(Gorge, Susan: *How the Other Half Dies*, 1977)

西川潤『기근의 구조飢えの構造』(增補版) ダイマモンド社 1984

월드워치 연구소의 연차 보고,『지구 백서』

람팔,『지구 에식스』

험프리/버틀,『환경 · 에너지 · 사회—환경사회학을 찾아서』

石弘之『地球環境報告』

イヴァン・イリイチ『콘비비얼리티를 위한 도구コンヴィヴィアリティの
ために道具』渡辺京二/渡辺梨佐 訳 日本エンディタースクール出版部
1989(Illich, I.: *Tools for Conviviality*, 1973)

브라운『내 혼을 성지에 묻어줘わが魂を聖地に埋めよ』鈴木主税 訳 草思社
1972(Brown, D.: *Bury My Heart at Wounded Knee*, 1970)

제4장

바타이유,『저주받은 몫』, 문학동네, 2022(Bataille, G.: *La part maudite*, 1949)

바타이유,『에로티즘』, 민음사, 1989(Bataille, G.: *L'érotisme*, 1957)

보드리야르,『소비 사회의 신화와 구조』

맥루한,『인간 확장의 원리』

吉田民人『자기 조직성의 정보 과학自己組織性の情報科学』新曜社 1990

イヴァン・イリイチ『콘비비얼리티를 위한 도구』

끝마치고서

    20세기는 "자유로운 세계"의 승리로 끝났다. 이 승리는 "자유"라는 걸 적어도 그 이념으로서 전제하는 사회 시스템의 경제적, 정치적, 문화적인 우위를 보여주었다. "자유로운 세계"의 승리라는 것의 사회구조론적인 실질은 1장에서 살펴본 그대로다.

    그건 정보화하고, 소비화된 시장 시스템의 자기 준거화에 의한 모순의 극복과 구조화된 매력성이라고도 말해야 하는 것에, 현실적인 근거를 갖고 있다. 그렇지만 이 우위는, 상대적인 우위에 불과하다. "자유로운 세계"의 승리라는 건 역사 속에서 경합하는 다른 시스템의 자기 붕괴를 통해서 실현된 것이고, 이 자기 준거하는 시스템의 새로운 곤란과 한계 문제가 적극적으로 극복되는 것에 의한 건 아니다. 이 새로운 곤란과 한계 문제가 명확한 모습을 띠고서 정재定在하는 건, 이 시스템의 현재 있는 것과 같은 형식의, 한 없이 외부 수탈적인 기제로 귀결하는 환경, 공해, 자원, 에너지적 임계와 "세상의 절반"의 기근과 빈곤의 실재다. 따라서 이 "자유로운 세계"의 현재 있는 것과 같은 형식이, 실은 세계 사람들에게 〈자유로운〉 삶을 보증하는 게 아닌 건 2장, 3장에서 살펴본 그대로다. "자유로운 세계"의 승리로 끝났던 하나의 세기를 진정한 〈자유로운 세계〉의 실현으로 향하는 세기에 접속한다는 작업은 사회의 학을 배우는 데 있어서 생애의 정열을 투입하여 후회하지 않을 과제라 할 수 있다.

정보화/소비화 사회의 전회라는, 이 책에 기록한 것과 같은 방향은, 현재를 그대로 유지하려 하는 사람들로부터는 너무나도 "이상주의적"이라고 비판을 받을 거니와, 반대로 혁명적인 전복을 바라는 사람들로부터는 너무나도 "현실 긍정적"이라는 비판을 받게 될 것이다.

"이상주의적"에 불과하다는 비판에 대해서는 두 가지 점을 말할 수 있다. 첫째로, 정보화하고 소비화된 시장 시스템의 해방된 성장의 무한 공간은 그 외부 수탈적인(자연 수탈적, 다른 사회 수탈적인) 형식을 어디선가 전회하지 않는 한은 환경, 자원, "세상의 절반"의 기근과 빈곤이라는 "한계 문제"를 구조로서 해결할 수 없을 뿐만 아니라, 이걸 계속 생성하는 그 해당 장치로서 작동하고 있다는 걸, 우리는 2개의 장에서 살펴봤다. 두 번째 가능성에 대해 말하자면 〈정보화〉라는 논리의 가능성, 〈소비화〉라는 논리의 가능성, 이두 가지 가능성의 결합이 열리고, 새로운 삶과 세계의 존재 방식의 가능성이라는, 마지막 장에서 살펴본 논리는 관념

속의 논리가 아니라, 현실의 다이내미즘 안에 내재하는 논리인 걸 확인해보고 싶다고 생각한다. "시장의 논리", "기술의 논리" 등이라는 것처럼, 논리는 관념 속에만 있는 게 아니라, 현실의 다이내미즘 안에 내재하는 논리라는 게 있다. 〈정보화〉라는 것의 논리의 가능성, 〈소비화〉라는 것의 논리의 가능성으로서 우리가 살펴본 건 당분간의 실마리로서는 소비화나 정보화를 둘러싼 대표적인 언설의 논리─바타이유와 보드리야르의 "소비" 컨셉의 위상 차이나 정보화 사회론의 두 가지 계보의 "정보" 컨셉의 위상 차이 등등이긴 하지만, 이와 같은 대표적인 언설 속의 컨셉의 위상 차[이]라는 것의 기저에는 현실 사회의 구조에서의 소비화, 정보화라는 움직임의, 중층重層 왜곡을 가지고서 발전하는 다이내미즘이 있거니와, 우리가 그 가능성의 근거로서 꺼낸 본원적인 위상─생산의 자기 목적화로부터의 해방과, 살아가는 것의 본원적인 기쁨의 감각의 긍정으로서의 〈소비화〉, 자원 수탈적이 아닌, 따라서 다른 사회 수탈적이지 않고 자기 사회 수탈적이지도 아닌 것과 같은 행복 형식의 무한 공간의 해방으로서의 〈정보화〉라는 위상도 현실의 구조 안에 잠세하는 것이다. 그게 필연이라고는 말할 수 없지만, 현실 안에 내재하는 가능성으로서, 사회 구상의 이론과 행동이 이에 의거하기에 족할 것이다.

반대로 "혁명적"인 입장에서 보자면, 너무나도 "현실 긍정적"이라는 비판에 대해서는 이렇게 답할 수 있다. 완전무결한 사회란 있을 수 없거니와, 대개 바람직한 것도 아니지만 우리가 여기에 가능한 것으로서 전망해온, 전회되고 해방된 정보화/소비화 사회는 어떻게 전체적인 계획과 관리의 사회에도 한층 더 사람들의 자유를 보증하고 기쁨에 충만한 삶의 방식이 가능하도록 하는 것, 그리고 "혁명적인 전변"이라는 것 자체에 "피가 끓는" 걸 삶의 질로 하는 것과 같은 소수 사람을 제외하고는, 결국 인간이 살아가는 기쁨과 행복은 이와 같은 "현실적인" 방법에 의해서 충분히, (그리고 더 한층 확실하게) 실현할 수 있는 것이라는 점. 고쳐 말한다면, 각각에 다른 방법으로 무한하게 풍요로운 공동성과 고독, 서로 기쁨을 나눔과 자립 형식을 살아자는 걸 가능하게 하는 건 사회 전체의 형식으로서는 도리어 심플하고 최소화된, 어떠한 가치 전제로부터도 자유로운, (혹은 〈자유〉라는 가치 전제만 그 기저로서 두는) 룰의 시스템이라는 것. 사회의 형식의 폐쇄화가, 거꾸로 개인이나 집단의 (무한하게 다양한 유토피아들의!) 삶의 풍요화를 보증한다는, 〈자유로운 사회〉의 구상의 중층화된 이론은 별도로 정면으로 전개해보고 싶다고 생각한다.

현대 사회의 기본적인 구조와 다이내미즘과 방향성에 대한 이 책의 이론은, 역시 다양한 입장과의 대화를 통해서,

또한 새롭게 역사 속에서 생기는 사상事象에 의한 검증을 통해서 충분히 단련되고 풍요화해가고 싶다고 생각한다. 사뮤엘슨의『경제학』텍스트처럼 10년에 한 번 정도씩, 이처럼 풍요화된 증보개정판을 공간해갈 작정이다. 이 책은 이와 같은 대화적 운동을 위한, 최초의 조그만 저본으로서 생각하고 있다.

*

이 작업에 이어서 계속하고 싶다고 생각하는 건 현대 사회의 "소프트한" 여러 현상이라고도 해야 할 온갖 사상事象에 대해서 "하드한" 시스템의 골격에 대한 이론에 입각해서 조명하는 것이다. 예를 들어 1장에서 살펴봤듯이, 자연성과 공동성의 땅을 이륙해서 추상화된, 무근거화된 욕망의 무한이라는 형식이 우리의 삶과 세계의 경험의 현실성에 어떠한 변용을 만들어갈까. 우리의 현대 사회에서의 자아의 변용. 사랑의 변용. 섹슈얼리티의 변용. 아이덴티티의 변용. 리얼리티의 변용. 살아간다는 것의 의미의 감각의 변용. 등등.

내 자신의 문제 관심의 흐름으로 말하자면, 실은 이 문제들—자아와 사랑, 아이덴티티와 리얼리티, 살아가는 것의 의미의 감각의 변질 등등—을 철저하게 고찰해보고 싶다고 생각하고 있는 가운데, 그러기 위한 전제 작업으로서 현대 사회의 기본적인 구조에 대한 견고한 이론을, 확립해 두지 않으면 안 된다고 생각하게 되었던 것이다. 따라서 본론에서도 조금 다루었지만, 이 작업은 처음부터 이와 같은 이른바 "소프트한" 문제계를 언제나 시야에 넣으면서 구축되어 있다.

이와 같은 문제계를 포함한, 〈현대 사회의 이론〉의 전체는 현재는 다음과 같은 7부 구성을 가질 것으로 생각된다.

1 정보화/소비화 사회의 전개 ― 자기 준거계의 형식
2 환경의 임계/자원의 임계 ― 자기 준거계의 "외부 문제" Ⅰ
3 남의 빈곤/북의 빈곤 ― 자기 준거계의 "외부 문제" Ⅱ
4 정보화/소비화 사회의 전회 ― 〈자유로운 사회〉의 조건과 과제 Ⅰ
5 "현대인은 사랑할 수 있을까" ― 자기 준거계의 "내부 문제" Ⅰ
6 리얼리티/아이덴티티의 변용 ― 자기 준거계의 "내부 문제" Ⅱ
7 사회 구상의 증층 이론 ― 〈자유로운 사회〉의 조건과 과제 Ⅱ

후반의 세 가지 부분은 이미지는 명확하게 있더라도 언어로 번역할 수는 없다. 대략 몇 년을 필요로 하게 될 것이다.

*

이 작업은 최초에 연구회 CCCT라는 장소의, 1996년 7월 회에 보고되었다. 비교사회학, 현대 사회론, 문화의 사회학, 이론사회학에 관심이 있는 연구자의 모임이고, CCCT라는 조금 기묘한 이름은 Comperative, Contemporary, Cultural, Theoretical의 앞의 문자로부터 따온 것이다. (원래 교토에 C-Cubic[의 3차원 공간]이라는 재치 있는 이름의 다방이 있어서 시간T라는 제4차원을 더한 시공간이라는 다른 설도 있다.) 이때의 토의, 특히 우치다 류죠內田隆三, 사토 켄지佐藤健二, 타케카와 쇼오고武川正吾, 오사와 마사치大澤真幸, 요시미 슌사이吉見俊哉, 오쿠이 토모유키奧井智之, 와카바이시 토시오若林翰夫, 다나카 나오키田中直, 아사노 토모히코浅野智彦 씨 등에 의한, 다채롭고 브라이언트한 문제 제기와 코멘트로부터 온갖 자극을 받았다.

또한 같은 달 말에, 도쿄대학 대학원 비교사회학/현대 사회론 세미나의 합숙에서도 초고를 토의에 붙여서 참가자의 질의로부터 자극을 받았다.

경제사 관계의 통계에 대해서는 동료인 통계학의 마츠바라 노조미松原望 교수로부터 몇 가지 가르침을 받았다.

최후로 이 작업을 신서 형식으로 공간하는 데 이와나미

쇼텐 편집부의 카키하라 칸柿原寬 씨로부터, 많은 독자에게 일기 쉽게 하기 위한 유익한 시사를 받았다.

이 장소를 빌어서, 이 "최후의 저본"의 생성에 입회한 이 분들에게 감사의 말을 전하고 싶다고 생각한다.

*

이 작업 직전 작업(『자아의 기원』 1993년)의 맺음말에서 다음과 같이 적었다.

이 작업 속에서 물으려고 했던 건 매우 단순한 것이다. 우리들 "자신"이란 무엇인가. 인간이라는 형태를 통해서 살아 있는 세월 동안, 어떻게 산다면 진정으로 기쁨에 충만한 현재를 살아갈 수 있을까. 타자나 모든 것들과 기쁨을 공진해서 살아갈 수 있을까. 그런 단순하고 직접적인 물음만에 이 작업은 조준해 있다.

시대의 상품으로서의 언설의 다양한 생각을 넘어서, 진정으로 적절한 물음과, 근저를 비추는 사고와, 땅에 닿는 방법만을 찾는 반시대의 정신들에게 나는 말을 해주고 싶다.

허구의 경제는 붕괴했다고 말하더라도 허구의 언설은 아직 붕괴하지 않았다. 따라서 이 종자는 역풍 속에서 펴진다. 액츄얼한 것, 리얼한 것, 실질적인 것이 곧장 언쟁이

되는 시대를 준비하는 세대들 속에 독야청청한 사고의 씨
앗을 점화하는 것만을 바래서, 나는 분류 방식이 없는 서
적을 세상 속에 던지고 싶다.

실은 절실한 물음과 근저를 목표로 삼은 사고와 땅에 발
을 디딘 방법만 추구하는 정신에, 어떤 말을 굳이 이 책의
마침말로서도 되풀이하고 싶다고 생각한다. 액츄얼한 것,
리얼한 것, 실질적인 게 똑바로 언쟁을 벌이는 시대를 준비
하는 세대들을 위하여.

1996년 7월
미타 무네스케

2018년 개정판(증보) 맺음말

『현대 사회의 이론』은 1996년, 20세기 냉전 체제의 최종적인 붕괴 직후에 새로운 세계 시스템의 우월성과 한계와 해결의 방향성을 전망하는 전체 이론의 골조로서 씌어져, 20년 동안에 30쇄를 거듭할 수 있었다.

이번의 개정에 즈음해서, 주요한 연차 통계 등을, 2010년까지의 자료로 보충했다. 구체적으로는 제1장의 표 1-1(20세기 이래의 아메리카 경제)의 숫자를 보충하고, 이번에 20세기 전역을 커버할 수 있었다(뉴욕 주가지수 칼럼을 더했다). 또 제4장의 자원 소비와 경제 성장의 연관을 보여주는 두 가지 그림(4-1, 4-2) 안의 전자(아메리카의 머티리얼 소비)를, 20세기 말까지 보충하고, 후자를 이론적인 의미의 더 한층 명확한 자료(일본의 에너지 코스트)로 교체했다. 이들 새로운 자료에 근거하여 "자원 소비 없는 성장"의 가능성과 한계를 고찰하는 새로운 절을 설계하여 본문의 서술에 증보했다.

2018년 1월

미타 무네스케